하늘재에서 천왕봉까지

시계시선 09

김보한 시집

하늘재에서 천왕봉까지

詩界

자서

나는 백두대간 남진단독구간종주를 위해 기꺼이 만 10년의 긴 세월을 투자했다. 그리고 7년이라는 흘러간 시간을 통해 1권의 시집과 1권의 시조집을 내보냈고 이번 것은 갈무리하는 시집이다. 하지만 기억의 손길은 이후로도 연이어 떠나지 않으리라 여긴다.

그간 살아오면서 명산을 두루 인연 맺게 해 준 산 선후배님들께 감사드린다.

그리고 발표했던 해양시를 수정해서 올린다. 아울러 이종만 작곡가가 나의 시에 작곡을 한 것 중에 1편을 싣는다. 널리 불렸으면 싶다.

손남훈 문학평론가는 기꺼이 해설을 맡아주었다, 고맙다.

2020년 7월
여황산 밑 나의 우거 (寓居)에서
김 보 한

목차

■ 자서 / 5

제1부

배꼽 진부령	10
별천지 소청봉산장	12
부봉을 만나다	14
조령산 넘다	16
백화산 1박	18
장성봉 이어 하산길	20
블란치재	22
고모재	24
백악산	26
밤티재에서 문장대까지	28
속리산 천왕봉	30
형제봉 너머 비재를 향하다	32
봉황산 그리고 회령재	34
지기재	36
백학산	38
개터재 지나 회룡재 너머는 큰재다	40
괘방령	42
황학산	44

화주봉	46
삼도봉 넘다	48
나의 나무에게	50
부항령	51
대덕산	52
소사재	54
신풍령	56
삿갓골재 향하다	58
육십령 암벽타기	60
깃대봉 못가서 산골 어르신 만나다	62
중재	63
영취산 이어 백운산	64
덕유산 이어 지리산	66
광대치에서	68
수정봉	70
정령치 습지	72
만복대	74
토끼봉	76
명선봉	78
벽소령	80
임걸령	82
촛대봉	83
그날 천왕봉	84

제2부

다렌 항을 찾아서 07042325	88
이 아름다움을	97
갈치 뼈	98
잘피밭	100
먹볼락	102
자궁은 다시 따뜻하다	104
남해 설천 우럭이 아지매	106
추도 물미기	108
갈치 채낚기 선船을 타고	109
대구 주복을 털다	110
조업	111
섬	112
남제주 동쪽전방	113
태평양	114

서평

충일한 서정의 구체화 | 손남훈	115

■ 나의 시와 인생 관련 주요 연보 / 132

■ 나의 나무에게 / 138

제1부

배꼽 진부령[1]

안개 덮인 진부령은
가을 단풍이 무진장무진장 하데
개중에 핏빛 낙엽은 꼬꾸라져 허망하게 나뒹구는 걸까.
남녘에서 북녘으로 물밀 듯 몰아친 그날의 옹골찬 진군이여
예쯤서 옴짝 못하고 움칫 검붉게 산화한 목숨들이여
구름은 덧없이 떠돌다가 멈춰 구천의 넋을 토닥대네
실향에 서러운 족속의 응어리진 가슴은 풀릴 날 아마득하네.
배꼽 진부령을 구불텅구불텅 훑어
네 몸 온통 물들인 진풍경의 계절이 닿았네
아랫도리와 윗도리를 갈라 드러낸 살가운 진부령이여
저만치 강원도 인제 향로봉이라고 그 너머 철책을 드는 꽃단풍 있다네

---

1) 진부령(陳富嶺), 높이 529m. 강원도 인제군 북면과 고성군(高城郡) 간성읍을 잇는 고개.

네들만이 홍안에 환칠하고 야단법석이구나
스스럼없이 알통 근육질인 한반도를 울긋불긋 만지작대네
홀연히 쳐들어와 흥분된 갖가지 사연 내내 꽃답다네.
배꼽 진부령은 여전하구나
이 탯줄에서 떠난 혈맥이여
둘 아닌 하나 된 심박동의 율동
절로 흥에 겨운
이 꽃불축제여.

별천지 소청봉[2])산장

속세를 떠나 괴짜를 선언하고 등짐을 지고 일렬횡대로 설악산 비선대를 출발하네. 눈발이 희긋희긋 눈썹을 덥네 귀면암 단정하네 오련폭포 색깔곱네 양폭 이름값 으뜸이네 천당폭포 이쯤이면 천상아래 깔삼하네 희운각대피소 유명세 거쳐 소청봉산장 도착 눈을 탈탈 털며 다들 숨을 고르네 팔도에서 먼저 온 별종들과 합류하네. 눈 덮인 설악은 적적이 눈 꼭 감고 폭풍도 소소리 치지 않네 예상보다 무심한 종소리만 울리네 귀 쫑긋 산 아래 봉정암의 목탁소리에 앓네 그곳엔 우주로 간 혼백 눈뜸 있네.

이젠 이 괴짜들 분주하네 곡류와 쌀이 섞인 밥을 짓네 갖가지 육고기를 지글보글 굽고 지지네 동해의 물 좋은 수산물 납시오, 낯선 팔도에서 온 별종들도 다리 쪼그린 채 동참하네 통닭도 내놓네 이참에 마약김밥도 3년산 묵은지 참석하네 속세에선 손아픈 것들 사정없이 풍성하게 끄집어내어 어느 도道의 출신 성분은 제쳐두고 같이 앉으라 염치불구하고 제발 좀

---

2) 소청봉(小靑峰), 높이 1550m. 강원도 인제군 북면에 위치한 설악산의 봉우리 가운데 하나이다. 설악산의 주봉은 대청봉이고 다음으로 중청봉이며 그 인접한 곳에 소청봉이 자리하고 있다.

잡수시라 서로 지극히 애원하네 꿀맛 같은 만찬은 철철 넘치네.

누군가 도깨비국물을 찾네 이것저것 섞어 말아 선남선녀 차별할 것 없이 쭉 드시라 여러 순배 돌리네 헬 수 없이 건배 합창에 열이 확확 달아오르네 차차 합당한 별종들은 화기애애해지네 한 통속으로 푹 익어 어울리네 선이 악을 제압한 상태에서 홍안의 얼굴 몰골들 오랜 간 왁자지껄하네 보리문둥이 목소리가 쩡쩡 울려쌓네 한풀이 절정이네 밤은 곰삭아 숙성이 된 채 눈발꺼정 하얀 내내 솜이불이 되네.

이만하면 전체가 뭉뚱그려져 한 통속이 됐다고 필링이 닿을 즈음 내일을 위해 이쯤에서 종료를 어둔하게 선언하네 산행대장이 30분만 더 펴 묵자고 중재하네 교주教酒도 오케이 손 하트를 보네네 더도 덜도 없이 속궁합이네. 선남들만 뒤처리 담당 끝장을 봤네 제 각각 침낭 속에서 머리만 빼꼼 내밀곤 한 지붕 혼숙 끝에 드르렁 코를 골아도 별 탈 없네, 신새벽 이 별종의 그룹들은 백화요란 눈꽃 요지경을 꿈꾸며 썰물같이 뿔뿔이 내달리겠네 깔삼한 생각의 깃발을 배낭에 꼽고 보무도 당당하게

여기가 바로 설악이요 극락이며 비원의 별천지네 도처의 별종 인간들이 눈도장 찍고 지그시 노크하는 별궁이네. 산맥에 자리한 산장들은 정신없이 헤갈 대는 별종들을 이런 정결함 누리라고 하늘밑 산의 꼭대기에 집결토록 소환명령장 하달이네

부봉[3])을 만나다

관음리의 밤새 달콤새콤한 맨바닥 비박 끝에

어둑새벽 먼지를 턴다

하늘재 곱다시 드는 마음은 하늘을 경배하는 뜻 거창한 예불을 보는 일이다 미물들 꿈틀댄다는 신호에 귀를 열고 간다

도사리고 앉은 눈매 예리한 섬광 적막한 어둑새벽 도깨비떼다

딴 세상 모양새 깔삼한 길목으로

헤치며 눈 비비며 탄항산 그 어디쯤에다

아침 해를 던진다 말아 끌어안는다 쏟아지는 빛을 뒤로하고

잡목림의 깐깐한 군락은 게 섰거라섰거라며

배낭을 연신 끌어 싸안다가 등산복 상의를 게 흘려두었구나 돌이킬 수 없는 과거를 어이할꼬

부봉을 멀찌감치에서 클로즈업 다가가 발길을 두네

---

3) 부봉(釜峰), 높이 935m. 하늘재를 지나 부봉은 문경의 진산(鎭山) 주흘산(主屹山. 해발 1,106m)과 조화를 이룬다. 모두 6개 암봉으로 이어져 있으며 제2봉이 가장 높다. 험준하고 아름다움 암릉의 자태를 뽐내고 있다.

입소문이 떡하니 매섭게 버티어 예사롭지 않아
네 암릉을 견뎌야만 녹녹한 세상이 환히 열린다는 믿음을 깔고
멀찍멀찍이 포근한 산그늘의 오지랖을 읽어 보네
6개봉마다 죄다 딴전 능청을 떨고 있어
아마도 네 부봉 중 훤칠한 득도로 제일 까칠한 2봉 명성 자자하다
기세 호락호락 순종하질 않네만
한나절 어르고 다루니 후딱 해거름 이마가 선선하다.

조령산[4] 넘다

매복한 바람이 마루금에 촘촘히 박혔다
이내 낫 들고 삼지창과 언월도 휘날리며 함성 투성이다
조령 넘을 장꾼들은 죄다 상부 주막터에 걸터앉았어
깃대봉은 문경 제1,2,3관문을 굽어보며 웅얼흥얼
지금도 중얼거리고 꽈려보고 들고 나는 자 죄다 체크하네
기암·괴봉이 노송과 더불어 대암벽지대
기가 팔팔하여 백발노승이 흘려 그린 산수화네
아렴풋 더디다 맞은 주흘산이 아싸! 오라 반기네
거리감이 애간장을 태우네 가찹다가 멀찍하네
채찍질에도 구보는 제자리 걸음 신선봉 마패봉 저만치서 까딱 않네
제들끼리 키득키득 살포시 웃음꽃바다 들리네
조령산 산정에서 지나온 삶의 밧줄들 꺼내본다.

---

4) 조령산(鳥嶺山), 높이 1025m. 조령 3관문과 이화령 사이에 위치하고 있다. 산림이 울창하며 대 암벽지대의 절경에 속해 있다. 부근의 기암 괴봉은 노송과 함께하여 한 폭의 산수화를 뛰어 넘는다.

두고 온 너덜지대가 혼신의 명줄을 흔들어 쌓데
가쁘다가쁘다고 해쌓네만 당해볼만 하다네

길도 다 이렇다는 너털웃음을 한껏 날려대는데
두고 온 문경새재는 저만치서 아찔까찔하다
조령산 넘자 어마어마한 양쪽 직벽 낙타 등이 아차! 도사리고 있네
꼬리를 물고 아이쿠 그것들 꼬집어 일어나는 나의 원죄들
간담이 써늘하자 연방 오금이 파리하게 저려온다.
용케 신고식 마치자 연방 한숨 힐끗 뒤돌아봐지네

백화산[5] 1박

유혹하는 길 마무리엔 미리 바위지대 걸쳐져 있다

황학산 핏기 다스려 억새밭 너머 산짐승 옹아리 든자 잠재운 사연도 뜨네

까탈스런 암릉 성깔 내어 만나네 어라 깔렸네 환한한 하늘이 열리네

이젠 고공공포증도 퇴물이라네 친구처럼 연인처럼 돌비릉 포근다감 하다네

듣자하니 예전 소문엔 소둔산所屯山이었다하지

Baekwasan 정상에 등짐 풀고 공손히 신세 고하고 새우잠에 들눕다

싸하니 쏟아지는 9월 혈맥들아 오늘따라 안개도 걷히고 흥에 겹다

그리운 이는 죄다 떠돌다가 창공의 별싸라기무리다

다가와 이렇게 뒤통수 종치는 창공을 어찌 감당하랴 웃매무새 풀자 오밤중의 엄습하는 공포를 어쩌랴

---

5) 백화산(白華山), 높이 1,063m. 충청북도 괴산군 연풍면과 경상북도 문경시 사이에 있는 산.

나무야 늘 강건해라 운명을 수놓는 세상은 복인 것을 언젠가 알리
이 밤 울울한 산맥은 곱다시 청순한 것임을 별무리의 합창이 내려 퍼짐을

곰틀봉 너머 이만봉이 이끌고 있는 졸개들을 죄다 쓰다듬어 의미를 곱씹는다
자리 터를 주저 없이 내어주던 1박 덕에 홀가분한 산행인 것을
언제 다시 그대의 품안 생명들을 목청껏 외쳐보리 백화산
실없이 손수건 흔들며 눈물을 훔치며 가요가요 읊으리

장성봉[6] 이어 하산길

장성봉의 상투 움켜잡고 섰는데 천둥 이어 번개다 물벼락 불벼락 가악 중에 메친다
이마께를 후려갈겨대는 눈이 번쩍 쏟아 붓는 황금빛 어기찬 주먹
하소연 귀담을 겨를 없이 업치고 덮치고 들배치는 운명의 끄나풀
파르르 질리는 칠흑 앞에 가슴을 웅크리고 후퇴다 줄행랑 칠 곳 찾는다
생의 길은 전진만 성사가 아닌 법 일단 퇴각은 선순위
하산길 가름을 쳐봐도 예가 틀렸다 돌아오는 제자리 생각은 깨알같이 수두룩하다.

시모살이골의 깊이를 들은 바 없어도 익히 안다는 요행히 초면의 산꾼 만나 그대 생각을 뒤따르자

겁 없이 던진 내 육신은 겨웁고 하늘은 준엄하게 표호 하는 내내

---

6) 장성봉(長城峰), 높이 915m. 원거리에서는 암봉(巖峰)으로 보이며, '긴 성'이라는 산 이름을 지녔다. 주위에 악희봉(843m), 구왕봉(898m), 희양산(999m), 둔덕산(970m), 대야산(930.7m) 등이 둘러싸고 있다.

쏟아 붇는 폭우와 반짝 뇌성은 끊임없고 우릉우르릉 산의 장대한 외침 이렇게 우렁찰 줄이야 새 생명을 잉태하는 산고 겨웁기도 하구나
아차하면 물길 덮쳐 하산길 끊어진다는 네 산꾼 불호령에
발걸음 발걸음은 율동도 어김없이 네박자로 잽싸다네 클린트 이스트우드가 서부영화에 등장시켰던 판초이가 휘날리고
배낭은 배낭대로 몸 따로 노는 하산 굽이길 댓 시간 출렁댔나
깜박껌뻑 헤드란탄을 조우삼아 젖는 몸 데우는 온기 쉰내 풀풀하고
한량없이 미끄러지고 자빠라지고 끝 갸름한 데쭘민가 등불 아슴파리포리하다.

충북 괴산군 칠성면 쌍곡리 끝마무리 버스총점 불꺼진 허허로운 공터
인생 올찬 경험 한번 보탠다 홀랑 젖은 아리한 추억치곤 맛깔나다

블란치재[7]

버리기미재는 열반의 전나무 숲으로 둘러쳐져 환영하고 배시시 입 벌고 목숨들 익고 있는 날이네
적적한 가슴팍쯤에서 그대의 똑똑한 사랑의 밀담인 명찰이 너무 신기해서 쓰다듬어 보네.

곰넘이봉 맞아서 촛대봉 너머 밧줄 타는 까끌스런 바위산 투성이
아차 실수면 꼼짝없이 생고생에 갇히리라는 생각에 절어
곰곰이 되씹는 길의 중차대한 사명은 뇌리에 떠오르더니

완장리 마을 주차장에서 불한령계곡을 따라 올차게 올라야

7) 높이 510m. 충북 문경 가은과 괴산을 잇는 옛 고갯길이다. 원래 '숙박시설이 없는 재' 불원령(不院嶺)이었다고도 하고, 또는 '춥지 않은 재' 라는 뜻으로 불한령(不寒嶺)으로도 불렀다고 한다.

블란치(불한티)골의 세찬 물줄기는 싸하게 덤불 속에서 올린다

계곡을 차고 올라온 8월의 냉습한 바람은 답답한 가슴마저 선선하다

오늘의 나무야 이쯤에서도 무럭무럭 성장해서 쭉쭉 뻗어 의지의 등걸이 되거라

견고한 뿌리는 육중한 하중을 지탱할 것을 명심하고

세상길 헤치며 마음껏 솟구쳐 큰대문바위 닮아라

저 무심한 대야산 정상이 빤하던 그곳 눈짓의 다정다감으로는 감감하다

멈칫 블란치재에서 심신의 청량제 들이키네 새벽길녘.

고모재[8)]

대야산 주변의 가파른 대쪽 성질은 폴짝팔짝 핏대를 보태네

코끼리바위 거북바위 집채바위를 두고 어쩌랴 비젖은 돌덩이를 발끝 감촉으로만 어쩌랴 산의 순수를 오늘에사 예사로이 먹는다 길에서 생각은 깜작 동안 달아났다

수시로 비정의 암릉을 지나 여기가 밀재다하고 지도상의 월영대도 눈도장 찍고

너희들의 군상들을 만나는 곳에 바람을 뭉개쌓는 숲에

마귀할멈 통시바위로 둔덕산 드는 길은 저쪽 나직이 몸을 낮췄네

오던 길 곧바로 순탄하게 넘으면 목을 축일 수 있는 고모재다

---

8) 고모재 전설-옛날 고모와 부모 없는 질녀가 오두막에서 가난하나 정답게 살았는데, 질녀가 우연히 병을 얻어 죽게 되자, 고모는 이를 애달프게 여겨 식음을 전폐하고 재상봉에 올라 질녀의 이름을 부르며 수일을 지내다 급기야 그 자리에서 쓰러져 죽었다 한다. 후세 사람들이 이 고모의 애처로운 넋을 달래기 위해 고모재라 이름을 지었다고 한다.
[국정넷포터 전성군 (jsk6111@daum.net)]

고모샘이 펴떡 어서 나무, 풀, 꽃, 돌팍들이 옹기종기 오라해서 빠져든다

절로 터져 나오는 이제 살겄다는 짜릿한 목의 푸르름을 더해

고모재 옛길의 터뜨리는 숨결은 매양 고와 그대로 두어라 뚜벅꾸뻑 길을 잃었다

내 생애 가장 평화로운 가운데의 공간은 여기 골목 또는 두고 온 대간 길에 부엉이우는 소리 감감이 머무네

조망 없는 촛대봉 아리다 해도 기껏 비장의 무기로 별 탈 없이 폴짝 넘네

백악산[9)]

너럭바위 또는 석굴인 보굴에서 조선의 심여를 달래었을까

다가올 피비린내를 굴곡이 심한 조정의 안위를 빌었을까

뉘 딸이여 출랑대지 마라. 마음 끈 풀지 말라고 고요히 심혈을 기울이기를

문장대에서 물어물어 화양구곡을 들어서 낯선 산 만만히 봐선 낭패 당한다

그대를 백악산으로 누가 방위를 넣었을까

폭포와 암봉이 즐비한 비경이 무아의 경지에 이르게 했을까

되물릴 수 없는 운명의 사슬을 끊을 길 없었겠네

---

9) 백악산(百岳山), 높이 856m. 충북 괴산군 청천면에 위치하고 있다. 봉우리는 에워싼 백 개나 될 법한 화강암 바위로 되어 있어, 산악미의 진수를 확실히 보여주는 산이다. 시원한 조망이 일품이다.
전설→수양대군의 딸이 계유정란(癸酉靖亂) 직전 사태가 일어날 낌새를 알아차리게 된다. 그 정보를 유출해 목숨이 바람 앞에 등불 같아지자 도망을 쳐 이곳에 숨어들어 피신해 살았다는 설이다.

대간 갈림길 선선한 생각에 빠져 내리막에 아차 모질고도 허접한 알바길이다
늘 오색 함정이 손짓발짓 유혹에 안으로 삭혀야 하는 아픔도 존재한다
골똘한 생각 휘몰고 아 백악산 기차바위 개구리바위 의자바위 맛보며 알것다를 되뇐다
백악산은 엎치고 포갠 바위천국 웅장한 키재기에 너들 여념이 없네.

대방래골 들어서자 샛길마다에 육자배기 잔잔하게 날린다
자잘한 물줄기가 한량없다 용케 이길 들었다 네들 몰골 들켰다 싶네
아렴풋 길은 저네들끼리 한량없이 노닥대네
해질녘은 끈끈하게 깜박쌈박해 오고
밤티재 행은 오늘 허탕이다
주위의 새소리는 줄기차게 가차워 졸음 눈을 치뜬다.
깔삼한 청천면이 얼추 반길 때까지

밤티재에서 문장대[10]까지

완벽한 암벽지대를 빠져 나가려면
필히 소형 배낭 지참 권유한다
아홉 봉이 뾰족해 구봉산의 가부좌한 기가 몸밖으로 나와 펄펄 끓는데
속세와는 등 돌린 딴판인 천국의 맛이 도사리는 곳곧 허리 낮춰 포복으로 기어야 하는 인생길이네
급상승 암벽길이 위험하고 로프에 의지한 채 찰지게 창공을 뻗어 오르는 길 영롱하다네
애달픈 마음 고뇌 잠시 벗어 두고 이길 와서 만나시오 하네 편하게 마르고 닳도록 몸 비비세
육신만 겨우 빠져 나갈 틈새를 가늠해보고 그대의 성지에 오래도록 혼쭐에 머무네
행여 썩은 동아줄에 몸상할까 염려로 도닥여도 보네
괜스레 천둥번개 치면 들길에서 날길까지 몸단속 삐꺽할까 궁리도 주어담네

---

10) 문장대(文藏臺), 높이 1,054m. 충청북도 보은군과 경상북도 상주시 사이에 있는 산으로, 큰 암석이 흰 구름과 절경의 조화를 이룬다하여, 운장대(雲藏臺)라 부르기도 한다.

정신 덜거덕 했다가는 혼이 홀랑 털릴까 염려에 골돌하네만 익숙해지니 그렇네

생사람 잡을까 착잡한 정신을 다잡아도 보네만 빠듯한 길 보통 넘는다네

문장대 확보하는 날 입산금지 매서운 불호령의 펄럭임 있다

확트인 시야를 그곳 가서 파라다이스를 확보하네

속리산 천왕봉[11)]

한치도 양보 않는 너네 고봉들 각각은 신의 한 수로 절묘하다

세상의 이상이나 이념 따위는 일체무언 앞에선 도道를 일절 논하질 마라

봉긋빵긋 제 낯빛 도드라져 신선되어 노니는 황홀경에 열반한 이 자리 터

닦아 놓은 길 참으로 희한요지경하고 오묘하다.

남의 눈을 피한 산행은 흥얼거림과 설렘에 8월의 염병더위도 물렀어라 다중효과 만점이다

이날의 발걸음 가볍다는 건 신의 세계에 가차이 동참하는 연습 중의 하나라네

산행길에 싸락의 별빛에 취해 솔깃해 머뭇거리다가 줄지어 속리俗離[12)]를 다가가네 도닥거려보네

한 무리의 나무들은 우주의 속삭임을 들은 것인가 묵묵한 행보의 목숨 한창 넋을 잃고 어리둥절하다는 표정들이네

---

11) 높이 1058m.
12) 속세와 이별한다는 뜻.

그리운 이들의 기억들은 산의 자리 터로 와 동참하네 천연을 닦고 있는 무리의 족속들 있다네

밤들어 어느 천국의 왕국이나 해당되는 산중에서 모두들 원죄를 하나씩 꺼내어 뇌를 두드리며 썩은 것들을 닦아내고 있네

못다한 밀회를 두고 새 무대를 포옹하네 속리의 문고리를 여네 무한히 뻥 뚫린 자유가 눈앞에 와락 열리네

몽롱한 지금 발길에 차이는 돌부리돌부리들 흔타

징금다리 인생 돌부리

형제봉[13] 너머 비재를 향하다

피아재 너머서 만수리로 내리면 그곳엔 그 자태도 고운 피아재 산장

속리의 끝자락 마루금 아래 안식처는 납작 엎드려 침묵을 익히고 있어 선한 눈빛으로 속죄 중인 자들 받아들여 가지마다 생명의 찬란한 기척 터트려 안심시키네 쿨쿨 돼지 꿀잠청하네.

형제봉은 우뚝 왕눈을 뜬 알짜 바위봉

칠형제봉 눈에 들면서 아득한 네들의 고전을 환각을 더듬어 읽으면서 고전을 기꺼이 의지 하네

삶의 길에도 능구렁이[14] 구간이면 입에 탄내 풀풀 나는 일이네 산령山靈의 삶을 절절히 뇌리에 심중에 굴려보네

인생길엔 옆을 돌보는 초연함 보다 한치 앞의 보폭이 깜박이는 등불일 때가 있다는 변명을 늘여도 보겠네.

---

13) 높이 832m. 서쪽 골짜기의 만수동이 유명하다. 충북 알프스의 하이라이트는 구병산(876.5m), 형제봉, 천왕봉, 문장대(1,054m), 활목고개 능선으로 이루어져 있다.

14) 음흉하고 능청스러운 대상을 비유적으로 이르는 말.

형제봉 읽고 나니 암릉구간은 오늘쯤에서 목을 쓰다듬을 만 하구나

우회길도 활짝 열렸고 더불어 무사태평하기를 도닥여보는 갈령 삼거리

대간 길에서 드물게 산사나이도 만났다네 인생이 거덜 난 불같은 욕망들 천지 빼까리라네

이따금 살가워 풍부한 우주가 눈앞에 한바탕 웃음으로 있네

앞이 꽃다이 환하다네 드물게 시리.

봉황산 그리고 회령재

둥근 원탁에서 안위를 욕되었던 생의 진로를 황당한 작별을 어이할거나
비제를 떠나도 눈대중으로 시작점인 생의 저쪽을 본다
종소리의 울려 퍼짐은 시초의 종소리로 염원을 기원한다는 것을
계단을 딛고 허공에 이르면 마침내 열리는 하늘인 것을
가슴불 지피지마라 네 성질을 도탄의 구릉에 내몰지 마라
심중에 명심하라 가슴에 알림장을 적으며 애달픈 문을 연다.

만나야 할 곳 회령재다 그곳은 어떤 순수가 낯빛으로 해답을 줄까
그곳 자리에서 인생을 먹자. 산 아래 저녁밥 짓는 연기가 피어오르는 곳

상주시 화서면 상곡리 회령재에서 갈증을 때우자
눈도장을 지도에 찍으며 다시 생각에 들뜨기 시작하는 아렴풋한 길
10월의 가을 진풍경이 물씬 풍기는 풍요로움을 얼쑤 품은 곳
가냘픈 천연 바람이 내 이마를 부채질해 주어 애환도 달래는 길
젖은 등을 드라이해 줄 수 있는 차양이 드리워진 고목 아래에서
회령재 그곳에서 따뜻한 한 끼 허기진 식사를 떠넣으리라 홀로 내빼 온 미로
참으로 고운 나의 조국의 산 파르란 창공 그리고 가서닿아 깔쌈한 자유
그곳에서 읊조리리라 곤한 1박의 자장가를

지기재

모서행 지나 지기재 들어서자 반기는 벌들 발바리 악보를 그린다 써댄다

속세가 임도가 산을 칼질해 놓아 산만하고 더러 홍미는 먼발치에서 딴전이다

버스길로 경적이 펄럭대고 산중 포도밭 들어서자 포도주 꿀내음 몰려와 흥얼대고

한창 꿀벌들의 왕국은 혼란스러워 8월 너희들 연주하러와 열창이다.

백학산까지 가파른 오르막 연이어 흙먼지 나불나풀된다 달콤한 호흡이 가슴에서 팔팔 끓는다

백학산이 헛기침을 돌명함이 반듯이 서서 나는 쓰다듬으며 똑똑 노크를 해보네

잡목이 잡풀들이 영롱한 눈짓으로 가차와 아롱어룽 내밀한 대화를 건다.

날파리 떼가 극성이네 민가가 발아래네 산이 사무쳐서 그리워서 산에 든 사람들

노루가고라니가 힐끗 눈짓하자 달아나는 사랑이다 미쁘다고 해도 줄행랑치는 애인이다.

이곳이 동화고 선한 지상 낙원이고 벌들 꽃술에 묻혀 아리하다는 곳이다.

개터재 못 미쳐 산그늘이 어쩔까 버티질 못하고 살포시 산천을 덮을 듯 풀썩 갈앉을 것 같네요

개터재 멀다 뇌리에 깔린 진풍경 개터재 물결치고 마냥 인생길 넘어가며 숨이 헐떡펄떡 거린다.

백학산[15)]

떠돈다고 땀범벅으로 몸통샤워를 하고나서야 백학산 여기네

벌집을 보니 그대들의 왕국 따스한 품이 행복인줄 알겠네

음기 냄새가 나뭇잎으로 가리곤 낯 붉어하는 곳 낯선 이방인을 상대로 벌들의 항거에 옴짝 못하게 하는 무리들의 전법 막강하네

다람쥐는 청설모는 늘 줄달음치고 끊일 듯 명줄이은 길은 희망이네 여유 끝에 따뜻한 상념에 골똘하고 짐승길이 사람의 길 아렴풋이 오순도순 한 번 실감하네

어디선가 물음을 던지고 받은 답은 길어 숙덕속닥 거리네요 이 산속 샛길만 아니라 인생길에 새소리도 찌르 찌르 찌르 풀벌레 소리도 끼르 끼르 끼르 무진장 널렸네요

여름해는 산에서도 명줄만은 길어 오늘 해거름에 발길 예꺼정 닿았네요 가을산은 이미 낙조 되었으리라 여름 해는 하염없이 미더워 소구간 길은 마칠 거라 산이 귀띔해주데요

---

15) 백학산(白鶴山), 높이 615m.

삶의 길이 곧 환상의 대간길이기를 영원히 연이어 놓일 날들을 소원합니다 내 앞으로 순금의 행길로 환히 잊힌 순수들만 밝아오네요.

시야 너머에 점 찍히는 산의 눈들은 총명 다감 삼박하네요.

개터재 지나 회룡재 너머는 큰재다

쫏쫏쫏 마구 쪼아대는 새소리가 가찹다가 멀다가 가늠키 어렵네만

재촉하는 밤을 위해 일제히 집중하는 날짐승들은 지치지도 않는가

알겄다 네 숨결 도타움이여 왜 동무야 가차이 오지 않니 하고 수수한 오늘의 은밀한 암호 보네네 꽃다운 은총 갈구하네

궁금증을 날려 보내네. 오늘은 그대 안식처에 그리움의 조미료를 넣고 온후함이 깃들어 사무친 것 골똘한 사색 풍만하여라 언제나 은은한 밤꿀 향기 차고 넘쳐라

오순도순 몸 부비어라 내일은 산의 능선에서 청명한 자연과 더불어 분주히 숨바꼭질에 흥겨워라 꽃이 이운다한들 까짓것 상관이 있겠는가 자석처럼 들어붙어 눈치코치 팽개치고 누리어라.

회룡재 닿으면 1급수공급처 이쯤이면 다시 풀죽은 목숨을 다독이고 허공 속에 나부끼는 제소리 목청껏 물고 달아나는 산속으로 가서 생명의 자유를 얻으리라

마을이 언 듯 언 듯 취하고 안기네 귀중한 사람들 이곳도 다 두메 골인데

우화재는 큰재라 일컬어 벽에다 써두었네만 와서 닿는데 조잘대는 물소리타령조라네 수월찮은 구간의 날머리가 정신을 맑게 한다네

자리터를 고르다 쓸다가 산엣 것 너희들 날이 밝것다.

괘방령[16)]

장군봉 알자해도 팻말은 없고 곰곰이 꼬맹이 산이라 그런가 해도 명색이 장성將星급 산 아닌가. 헐어 낡은 천이지만 네 함자 새겨 펄럭대누나 이름은 늘 능마가 되었을 때 도드라지는 것을 알라

광천리에서 올라온 산꾼들의 뻰질난 길이 보이고 가성산 들어서 아차하면 내길 놔두고 남의 길 닦는다 네 정신 붙잡게나.

궤방령 들어서는데 날이 칠흙이다네 올 게 밀어드는 구나 오늘 저 산중턱쯤 멋쩍게 신세를 노크해야하리 내 육신을 다독여 줄 곳은 반반한가를 청한다.

그 길목 궤방령 산장 앞이다 땅끝 마을에서 미련곰탱이 같이 고성 통일 전망대로 북진하는 젊은 산꾼과 악수한다네 이 자체로도 힘이 되네

---

16) 옛날에 과거 길에 오르던 선비들은 추풍령을 꺼렸다고 한다. 그 이름이 추풍낙엽을 연상시킨다고 해서이다. 괘방령을 넘으면 급제길이 열린다는 믿음으로 이 고개를 즐겨 택했다는 전설이 있다.

팔자 늘어진 산의 경사 길의 속살 속에서 텐트를 나직이 하자 포근한 흙의 살내음은 익는다

산의 체취는 보드랍다가 간간이 두려움이 도사리는 중턱쯤 산속의 숨소리는 늘 풋것으로 익지 않은 떫은 감의 살 향기 같이 그만이네.

황학산[17)]

야싯골의 산은 여시가 덕시걸 거려 그 여시에 혼쭐이 나서 새긴 이름자인 듯이 그래이 울프산 지나자 산길은 깜깜 군데군데 불빛이 야단인데 이즈음 귀여운 여시는 어디서도 볼 낯짝 없네.

힐끗 눈치껏 갈길 찾는 미물이 스쳐지나가고 쓰다듬은 경사길 아래 그곳 꽃다이 향기롭네 꺼칠까칠한 길엔 자유로이 차고 간 흔적이 놓였고 칠칠히 낙엽 떨어져 연방 시야는 향기롭다 바람 굴러 낙엽 물결치는 구릉에서 환상의 드라이브에 방금 열중이다

단풍도 요번 나울에 다 떨어지고 황학산 가자 헤치며 생각하네 길은 어둡게 엮으면 한정 없이 꼬이고 세상사 쉽게 다스리면 나풀나풀 순조로우리라 이쯤에서 하늘을 닦아보네 떠나서 돌아오지 않는 샘물은 어느 모퉁이쯤 쓸고 있을까 휘돌아 고전의 가야금소리 마디마디 끓어오르는 생이별마저 일렁대네요 사

17) 황학산(黃鶴山), 높이 1,111m. 충청북도 영동군 상촌면과 매곡면, 경상북도 김천시 대항면에 위치한 산.

닥다리를 딛고 간 세월의 뒤곁은 늘 푸르름인데 그 행로는 열길 물속으로 나직이 유감스럽게 전혀 눈짓이 없는데

황학산 억새풀밭 너른 공터 마음 터도 한량없이 닦아 반반하네.

황학산 너머 우두령 헤매는 길 얕보아서는 코가 다칠까 두렵네 길을 지운 가을낙엽에 시야가 침침하다네 나는 이제사 다급한 현실이면서 꿈길을 헤매고 있다는 걸 왈칵 머릿속에 적네

화주봉[18)]

오르는 길 얼추 그날 태풍 꼬리바람 남아 시원 소요스럽네 허접스레 스치는 꼬리 긴 연극대본 있다네

대낮에도 풀잎 이슬은 바짓가랑이를 흠뻑 적셔 칭칭 감아 휘돌리는구나 옷자락을 당기는 젊고 푸른 늑골의 터에 당도했네

잡목립잡목림은 몸을 콕 찍어 게 섰거라 엉겨 붙네만 마음 고독 벗어던지고 품안 깊숙이 안기자

세상사 물렀어라 알찬 막걸음으로 헤치고 질퍽대는 길 도깨비비 오듯 소낙비네 마음 다잡고 앞길 생각 잡념에 혼돈스럽고 이내 안개가 덮쳐 뜻하지 않게 바람골 골이 시리다

복잡다단한 음계를 딛자 새들이 꽃들이 손님들 분주히 맞이했겠네 귀에 익은 동박새 납섬[19)]에서 예까지 와 얼큰히 붉게 취하네 저 음성 무엇을 손짓하는 애절한 울부짖음도 인연 깊다는데 힘든 오르막 날파리떼 모기떼가 오늘날 무진 들붙어 심상을 혼동시키고 극성이네

---

18) 일명 석교산, 해발 1207m.

19) 통영시 욕지면 노대리에 속한 거의 무인도가 된 섬, 생김새가 납작하다고 하여 얻어진 이름이다.

여기가 나무의 형제들만 제들끼리 오순도순 터 닦은 무대공간이다 봄풀 같이 넓고 깊은 혜안을 딛고 열고 새긴다 뿌리 다독이고 여유롭게 사는 의지의 목숨들 화주봉 네들의 역사 꽃두메 먼당이여.

삼도봉 넘다

기가 찬 괴물 있다는 암릉 더듬는데 그렇다네 온데간데없다가 답이네 가다보면 옷깃 인연 연이은 용트림 이 산중에도 방정맞고 앙증맞게 우는 새 혼자 잃은 번지를 찾는다네.

부항천 발원지 물부리 터는 어데가 삼도봉 산삼약수터 돌절구 물받이가 더위를 한발 비켜서게 하겠네 정상이 3三 도道의 경계라네 10월 10일이 잔치날이네 어디서 새끼 잃은 짐승 애절한데 살부치는 묵묵부답 엉뚱한 데로 가고 있는지 내내 큰 암호를 두드리고 기리는 것은 생명이며 믿음이다 그리움은 내가 너에게 아우르는 끈이다 이정표대로 기며 안전한 무대를 장식하다보면 답은 저절로 오니 끊임없이 세월은 자라나는 항로라네.

고추잠자리가고추잠자리가 어지러워 풍요로운 호시절 산길이다 마음도 한결 넉넉하다 이 고독의 걸음마에 마중 나온 인연들 뇌리에 윙윙 맴을 돈다 그들 만났기에 행복이고 인연 끝에 작별하는 무수한 것들이 인식되지 않는다면 곧 사멸이리라 어디쯤 갈림길이

도사린다는 표적의 느낌 무한량 우주의 길은 자란다
황홀은 삼도봉 펼쳐진 원시림 이쪽 또는 저쪽 항간
물한계곡으로 하산길 천상의 화원 미지의 세계.

나의 나무에게

저쪽 산에 나의 나무 두고 이쪽 산의 낙엽을 밟네.
세상사 그늘에서 뒤돌아보는 저쪽 산에 나의 나무야
오늘은 유난히도 석양이 고운 날
그리운 나의 나무에게 편지를 쓴다.
산골짝 안개 속에서 불러보는 뻐꾸기였다가
화창한 여름날 헤매 도는 소리개로 날았다가
야밤에 떠도는 부엉이로 살았다는
가슴에 맴맴 도는 사랑의 사연을
바람결에 바람결에 날려 보낸다.
나무야 나무야 나의 나무야 하고
꿈결 속에서 꿈결 속에서 띄어 보낸다.

부항령[20]

녹음은 영구히 제자리 사수 하기를 충만한 백두대간이기를 간절한 주술들을 여기다가 담아놓았네

우리 겨레의 황홀한 누대가 상상을 초월 보존되어 거룩하다는 것에 안도하네 이곳 활력 넘침은 죽음 뒤에 다시 새 생명 키워왔기에 희망이 훤칠하네

떠받든 구간의 이음새가 튼튼한 고봉으로 인해 낮은 구릉의 존재를 유별나게 하네 저 우람한 퍼포먼스는 누구의 성역인지를 알고 싶어 흔들어 깨우고 싶어져

순수한 바람은 예왔다가 홀연히 돌아서지만 돌아간 세계는 어느 산맥의 자궁쯤일까 궁금증이 팔팔해 부항령에서 빈번한 의문에 골똘하네 오늘도 허기에 뒤채며 밀어드는 살아있음에 대한 안도

나의 앞이 거룩하고 의로우시고 자비로운 소망이 내리고 설계해야 할 미래가 도드라져 연이은 영적 세계를 묻네 모래성에 쌓아올린 탐욕은 우울한 낯빛일 뿐

오직 싸안아야 할 다음 행로속의 운명도 함께 날갯짓이네 이 현상의 명백한 시학이 비단길이네

---

20) 부항령(釜項嶺), 옛날엔 김천과 무주를 잇는 역할을 담당했다. 가목령이라고도 하는데 이는 고개아래 가마솥같이 생긴 가목마을에서 비롯되었다고 한다.

대덕산[21]

투구를 쓴 투구봉이라고도 이름 한데나. 지그재그로 아기자기하게 속살 헤비고 들어가는 산 들머리의 수월함 있네 안락함이 온 몸에 퍼져 힘을 넘치게 하는 신비 있네. 대덕산 덕에 훨친한 키만큼 세상 높은 요지경을 대하네.

덕산재에서 삼도봉가는 길목 세차게 치고 상부를 올라 우람한 성지를 예서 보란 듯이 뽐내네
삼도봉 넘다 멈춰 외강리 내강리를 집중하여 뚫어지게 읽네
포근한 품속으로 계곡물 따라 거슬러 오르면 마을이 생겨나고 윗대 그 윗대 조부로부터 예서 맥을 살렸어
내강이나 외강으로 사는 사람들이라 죄다 마음 속 순수하고 강하고 곧겠구나
네 우주에 문 열고 정착한 사람들 평온할지니

---

21) 일명 투구봉, 높이 1290m.

편한 잠자고 수월히 일 다스리는 이들이 사는 편강한 곳 그곳이 곧 깊숙한 산 속일지니 누대로 조상 받들어 사는 이들 후손이 편한 곳.

소사재

하부 능선에선 작은 산도 우러러 뵌다네 급경사 뒤에는 완경사 도드라지고 센 바람 어데 가고 소슬한 미풍도 잠잠한 데 소풍 따라 가는 마음도 평퍼짐하네 평화롭네

산의 품안은 야단치던 바람도 자고 싶고 그 빛깔도 자유롭고 포근하고 마음 몸 홀랑 드러눕히고 싶고 성질 까다로운 난이도 급상승해도 우직한 도보 끝에 정상 나오네

세상이 투명하고 맑아 보이는 지대다 하룻밤 누리고 싶네 졸갑증은 금물이네 그 마루금 오늘에 다할 때 상상의 세계는 펄럭이네 계곡 물소리가 흔하고 마음을 씻어주는 산중 밭에 볕드네 햇살 좋고 조용하고 뉘 자리터 같은 곳 명당이 이곳인 듯 따뜻하네

뒤이어 날 저물자 저체온증에 사람 접치는데 하염없이 몸 다독일 수밖에 도리 없는 날이네, 내리막 소사길 물위에 떠서 흐르듯 내리숙은 경사길의 세계로 들어서는 곳 막다른 푸른 잎맥들은 청청한 세계를 이루었네 몸 가누기 어려울 정도로 엄청 가팔지네 길의

막바지 소사고개 생태통로로 큰 놈이 400kg이나 될런가.

숫멧돼지 앞장 놓고 암멧돼지 뒷장 깔고 가족 이동이네 창창한 새로운 공간을 대하면 새끼 먹이 터가 열리리라.

신풍령[22)]

빼재라 하네 눈은 천지를 뒤덮고 사통팔달이 순결하다. 간간이 개짓는 소리만 허공을 가를 뿐 인기척은 방안 이불속이다. 미끌릴 듯 엎어질 듯 나의 어쭙잖은 발걸음 쭈삣쭈삣 촉수도 세우고 더듬네.

뉘 벌목해 놓은 야산의 허공을 향하여 몸을 낮춰 거슬러 오르네 임도가 나오고 이곳에서 오소리 한 마리 속세 곁으로 와 파르르 떨고 있네 아차 네 포기했구나 뻔쩍 필이 뇌리를 울리고 번개 치네.

먹을 것 한 톨 없는 너의 성지에서 이탈해 무작정 하산이었네 죽을 줄 살 줄도 염두엔 떠나고 오직 노숙의 치떨리는 몸이 현실이다네 다스릴 길 없어 이 위험천만인 아스팔트를 향하고 있네.

몸 전체에 날카로운 송곳을 마구 곧추세우고 무기로 삼고 날 죽여라 살려라 몸뚱어리 내던졌네 대책없이 어쩌란 말이냐 오소리오소리하며 네들의 성지를 위험천만 오르네 여기도 숨가쁜 세상이네 미물의 짐승도 배고픈 길은 절망이네 하산한 산속 짐승도 심상잖네 내버려 두거라 제 갈길 간다네가 답이네.

---

22) 덕유산국립공원 동쪽 끝에 있는 고개이며 빼재라고도 한다.

갈미봉에서 귀봉 벗어날 때까지 눈은 덮여 새하얗다 여기가 젖은 오소리 안식처 가시밭길 그 길 가네 온기를 발산하며

삿갓골재 향하다

폭설에 묻힌 대피소는 온후하리라 훈훈한 정감이 게서 반기는 곳 피로를 누워서 잠재울 수 있는 곳까지 서둘러 발길을 옮기네.

백암봉 지나 확 트인 동엄령 두드리네 독도법도 수월한 곳으로 빤히 난 예측의 직감을 앞세워 앞으로 향하여 함성을 놓는다.

몸에 기름을 끼얹은 듯 홧홧 달아오른 열기에 심장이 난타하는 소리가 귓전에서 역력하네 가야할 길은 삿갓골재 자궁으로 오목한 터를 기리며 잰 걸음 재촉하네

두고 온 메인 색깔의 아스라함은 내 발의 흔적이고 스쳐온 여정은 아득히 설산에 포근히 덮이고 있어.

날새들 파닥이는 날개짓이었네 한 고개 넘으면 한 세상 다음 세상은 어떤 순결의 나래로 버티고 있을까 상상하네

야영하기에 적지인 알맞은 공터를 뒤로 하고 찬찬히 가서 닿아야할 곳을 점치며 숨을 내 몰아 쉬어 그

곳까지 오랜 농성 끝에 닿을 수 있으리라 여기며 옷깃을 여미고 칼바람에 귓불이 얼얼할수록 희망이 살아나는 길 위에서 몸을 부비네.

육십령 암벽타기

나무는 근육질로 울툭불툭하네
태곳적부터 손 댄 적 없는 너의 순수는 팔팔하고
참으로 그들 때문에 포근한 것을
따뜻한 생명의 요람인 것을 알고 싶구나.
절벽 타는 일 예사 아니네
딱히 이길 아니면 묘법은 전혀 없네
에둘러 갈 길 두리번거려도 만사 허사 그대로라.

허공의 깨알 같은 별무리들이
너 어쩌는지 이참에 보잔다.
암벽을 껴안고 매만지고 더듬으며
등 너머에 육십령 먹을거리가 있는 휴게소를 떠올려 여기 뭇 산꾼들 요령껏 너머 선 육십령 암벽을 대하네 한번쯤 막가는 재미로 산다는 거라 별 것 아닌 것 무엇이던 초창기는 설레는 법이네 지레 겁먹고 보면 만사 허탕이라 육십령육십령 하고 마른 침 꼴깍 넘기는 데네.

하늘의 초롱초롱한 눈짓 모두 불러 모아
무시와 경멸을 어르고 달래는 날
홀로 암벽타기에 몰두다
대간 길 육십령 넘다.

깃대봉 못가서 산골 어르신 만나다

산동네에 신비의 양지밭골 사람들은 포근하겠네 밤에는 짐승이 가차이서 어슬렁어슬렁 왔다가도 관심 없고 벌레들의 찌찌르르 르르찌찌 소리 그 내밀한 언어들을 들으며 잠이 오겠다

안개가 온후함을 덮어주고 맑은 공기가 정신을 청명하게 하고 새들이 지지배배 새벽을 소식하고 고라니가 컹컹 사랑을 해대고 멧돼지가 커엉커엉 암컷을 불러쌓고 산컹이 소스라치게 깜짝 놀라 치게 해서도 괜찮다

텃밭이 적당한 먹을거리를 제공하고 가을 참깨가 참깨 밭에서 차렷하고 도열해 있는 조상님 네가 뒷산에서 안가태평을 빌고 산토끼가산토끼가 살고 삵이 눈에 불을 혀고 호랑이 뒷자리를 차지하고 있는

땡추가 입안을 맵싸하게 반기고 된장국이 내장을 시원 텁텁하게 한 몫을 한다는 이 산에 사는 어르신 말씀에 끄덕끄덕 좋겠음다 얼추 했네

애들은 뒷 뫼의 조상이 돌보고 부부금실이 분에 넘치는 그 어르신이 사는 산골동네.

중재

촌락은 도란도란 산의 품 안이고

함양에서 중재행 버스는 아래 마을 종점에 멈춰 섰고 바깥구경 유일한 통로 중치라는 데 그 위를 향하고 향해 땡볕에 혈압 높여 가며 솟아 올라간 중재다 용케도 반질한 대간 길 있네 동식물이 얽히고설키고 산신의 눈초리가 매섭게 만난다고 한다네 삶과 죽음이 공존하며 스스럼없이 살아가고 있다네

임도가 대간 턱밑까지 밀어 닥쳐 포클레인이 입을 딱 벌리고 일에 지쳐 연방 하품 중이고

영토 확장에 여념이 없는 너들 세상은 구슬땀에 젖네

폐쇄된 식수공급처로 허탈해하다가 아래 개울물 멧돼지 몰골 다녀갔고 달빛 별빛 다 빠져 낡은 영혼 담근 곳 내 여기 대충 몸 씻네 가뭄에도 생명수는 풍부한 곳이라네만

사철 과실 여물어 익는 곳곳에 일용할 양식이 흔한 마을 눈에 들어 곰곰이 되씹히네

쉬 내려갔다가 힘들게 솟구치는 곳에서 아름드리 고목들이 지키어 앉은 저기 월경산[23] 통뼈로 순결한 터 잡았네

---

23) 높이 981m.

영취산 이어 백운산

깃대봉 지나 야영을 허락하는 곳이네

끼리끼리 히히닥거리고 모닥불 피워놓고 술안주 고기 굽고 기웃거려 노니닥 거리던 자리했네 묵은 때 벗어던지느라 한참 시끌벅적한 흔적 한 눈에 빤하네

청량한 바람 쏴하니 송뇌를 울리려 인사 왔더랬는데 영취산 들어서자 우측 편은 무령고개라 〈금남호남정맥〉의 서툰 발 떼는 곳이라는 팻말 있네 그 곳 가는 순수는 이 산맥의 또 다른 힘줄을 맛볼 수 있는 늘어진 녹색천지라네

산 세계를 맛볼라치면 떡 버티고 선 산 정상쯤 문 두드리라 하네 도열한 산죽능선을 헤치고 힘차게 전진하면서 눈앞의 백운산[24]을 반겨 맞네

직진은 중봉, 끝봉을 들어서는 길이고 백운리로 하산하는 코스도 눈에 확 드네.

24) 일명 상봉, 높이 1279m.

더듬어더듬어 중고개재[25] 오른쪽 샛길 내리막으로 하산하여 알탕에 열중하네 시퍼렇게 하산하는 물길에 몸 담그고 산내음 물내음 흠뻑 젖어 올 것이 왔다고 계곡물을 찰박철벅 반겨쌓네.

25) 높이 775m.

덕유산 이어 지리산

월경산 지나 광대치 ▲944 지나 무명봉[26]이라는 이정표

덕유산 끝자리가 지리산 시작점이 된다는 것 여기가 바로 거기라 흘림체로 날려 두었네

이젠 지리산 살향기에 취해서 풀숲을 양손으로 헤쳐 갈거나

다음은 봉화산 봉수대가 우뚝하고 절고 끌고 온 걸음이야 정겹다.

눈 깜박 졸아도 생기는 붉게 도는 것 목마름 점차 접어드는 길 있네

매봉 입구 진달래 터널 군락 정정하여 장관이네

바람이 불어주니 어우러져 친구가 되라네.

홀로 이 길을 걷는 것과 굽이도는 길이 여간 조화롭지 않네 어렵게 산 타다가 복싱이재에서 하산하면 아영면 나오네 고마워라 두고두고 온 산아 맨산아 부르고 싶은 메아리 도는 산아산아.

---

26) 높이 870m.

타고 온 산이 사랑이었어 그 고통이 도타운 큰 믿음 같은 열매라 두고 온 곱디고운 나의 지대한 산맥이여.

광대치에서

광대치 너른 풀밭은
노닥거리기에 시시닥거리기에 잡담하기라
배낭의 무거운 마음을 부려놓고
이렇게 날 것 같은 나래 짓은
등짐의 육중한 하중 때문이니 훈훈해서 파워 넘치는 한 때네

메뚜기 암컷이 수컷을
등에 태워 폴짝 곡예를 해본다?
밑엣 것 위엣 것도 모조리 제정신 홀랑 제쳐두었네 눈가가 홍등 빛이네
딱 들붙었네 쏠쏠한 순수 우얄꼬 넘쳐나겠네
다음 코스는 폴짝 폭신한 내 무릎에 풀썩 앉는다네
화들짝 휘둥그레 놀라 달아나는 너들의
요놈 끔벅 또 한 놈 끔뻑 푸른 눈동자 보래 앙증스러운 징그러운 것들
산에서는 숲에서는 때 되면 어울려서 몽땅 한 몸뚱이로 나뒹군다네

손발이 척척 맞아 머쓱함도 도리어 죄 되는 곳.

아득히 먼 곳은 걸어온 길이고 펼쳐진 시야는 숙명의 미래다
세상사 예쯤에서 흥에 취해 노는 날.

수정봉

남원행 버스로

운봉 거치는 날

다음 코스는 여원재가 필수라네

산맥의 큰 마그마는 타 내린 단풍환장이고 소름끼치도록 즉흥연주에 급박하던 끝에 아예 사람 냄새 풀풀 품안 같은 민가 속을 백두대간 정맥이 헤갈 대네 마을이 맵사리 사무쳐서 대쪽 길을 예까지 흘려 부려놓았네.

입망치를 퇴출하자 수정봉 빵긋하고

훤칠한 시야가 확보되는 꼭대기네

다이렉트로 내리막길로 녹아들어 문동에 도착하자 이빨고운 어르신네들 옹골차게 반기고 앉아 층층이 고요네.

고기 삼거리 가는데 땡볕이 여간 아니네 전혀 딴 세상에 닿네

딸랑 나무 한 그루도 없는 유일한 실핏줄 마을길 밭길 논길 허우적어기적 가네

뒤돌아 우러러 보니 히히야 덕산면 수정봉이 문동 마을을 품고 으쓱하네 인생 물줄기 자작해도 별 것 없다며.

정령치 습지

솜 안개를 들쳐 업은 바람은 시태 혼령이 되어 쏴쏴 별싸락을 흔들어쌓고 이내 고봉의 머리께로 연거푸 퍼붓네. 이곳 무대는 수목 잡목 덤불 빙 둘러 쳐져 버티어 눈뜬 첫 그날로부터 평강했느니라.

너는 천만년을 습지로 축축이 생명 거느린 땅으로 마한馬韓의 그날 넝마의 춤사위를 펼치고 있음이라. 돌팍끼리 껴안은 틈새로 해맑은 젖물마냥 고봉의 혈류는 여태껏 냅다 막 경이로운 신의 성수로 마구 뭉글몽글 입김을 뿜어내고 자불꾸뻑 말씀들에 귓불을 간질이며 적시는데

이미 12구의 불상은 동안거를 풀고 찻잔을 막 기울였다는데, 만월의 야밤 선녀탕의 옥황상제와 선녀들은 어디쯤 허공을 가르며 나불나풀 대고 있는가.

미물들 정령치 습지로 갈증 축였다는데 철 맞은 오늘 속세의 이네들 자리했다네. 그리움들 꽃자리에 앉히고 찬찬히 온정을 함께 청하네.

응어리 가슴 녹일 이웃들 여기 모셔라 그날 소국의 노래를 듣느라 나직하네. 홍얼대는 꽃향기 청량한 회

오리 바람타고 적시는 이슬눈물을 축이고 황홀요지경인 여기 고개 내민 비박의 이름을 다독이네. 은하의 거대한 천체가 왈칵 쏟아져 가차와 한통속이 된다고들 숙덕대네.

만복대[27]

정영치 두고두고 터덜터덜 가네 산산 조각난 순결을 쌓아둔 만복대 만나는데 키의 멋대가리가 골똘하다가 우러러 멀리 치솟았네 쏠쏠한 재미

시야가 한결 널찍하고 수월해 사방이 두루 반기며 오시요오세요 몸짓 눈짓 분주한데

큰고리봉 작은고리봉 틈새에 요행히 하늘로 분출한 만복대 두루 편안한 주변이 참 곱고 야무지게 우거지기도 했다네 더불어 만복을 기원하며 먼데 것 평안을 염원함인가 소원하면 복 담는다는 곳인가.

입에만 굴러다니던 성삼재라 수줍음 감추고 그의 꼬리가 설핏 보이는데 낯설고 그리움에 눈물겹던 성삼재가 저기네 그곳서 새벽 입산하면 당일 오후쯤에 천왕봉 닿는다는데

---

27) 높이 1438.4m.

정령치를 출발해 성삼재로 휘돌아 들어가는 복스러운 길이 한 눈에 빤히 들어온다 성삼재를 향해 세속의 찌든 삶 밀쳐두고 줄행랑치는 피난 자들 달력 숫자 붉은 날엔 교통지옥이라네.

지리산의 첫걸음 떼기 정겨운 산 이름 성삼재 이름자를 나직이 흥얼흥얼해 본다네

토끼봉[28)]

집토끼는 흰색 굴토끼 집안에서 텃세부리고 산토끼는 갈색 멧토끼 맹수 삵을 피해 나무 밑구멍이나 덤불을 안식처로 제격이다.

지리산의 토끼봉은 하루가 화려하게 시작하는 일출마저 곱다 토끼야 옥토끼야 꼬무작 폴짝 대는 토끼야 그런 토끼가 아니란다 반야봉을 기점으로 토끼 방위에 속해 지어졌데나. 곱기도 상상해보지만 볼수록 정기 높은 토끼봉 다가가 근접했다손 치드래도 저기 토깨이는 멀찍이서 폼 잡고 착착 매력 넘친 윙크네.

토끼봉 산비탈을 내리면 속살 울창한 숲 급격하고 깐깐한 경사로 유명세 한 폼 하는 화개재에서 굽이굽이 돌아 산마을 틈틈이 심어 두고 줄곧 짚어 힘차게 올라서면 칠불사를 만난다네,

남으론 짜릿한 불무장등 확 달라진 모습 뵈네, 임진왜란 때 난을 피해 정착했다는 풋풋한 산골 봉평

---

28) 높이 1,534m. 토끼봉의 북사면을 흐르는 계류는 뱀사골에 모여들어 달궁계곡에 다다른다. 남사면 계류는 범왕골을 거쳐서 범왕리에 이른다.

마을이 들머리다 장사치 넘나들던 능선길 호젓하게 올라서면 불무장등 만난다 그 밀림의 등줄기가 저기다고 손짓 한 곳에 융단을 깔아 놓은 듯한 그곳 아름다운 산줄기 빤하다네.

명선봉[29)]

만대에 빛날 흥망성쇠가 움틀 거리고 있는 명선봉→삼각봉→형제봉→벽소령 능선 세상에 알리니 청동 짙푸른 낮빛들을 뇌리에 보채보네.

기암괴석과 울창한 수림이 함께 어우러진 곳 참혹한 역사의 능선길이라 그대 혼령들 불러 새기네. 폭포를 간음하고 허공을 사라지는 울부짖음의 골바람 만나네

6·25동란 때 빨치산과 국군이 콩 볶아대듯 치열한 교전에 교전을 맞닥트린 곳이라고 하데, 오늘의 현상은 정정한 혼이 반반치 않은 날들을 적고 있어 숱한 목숨들 널브러졌던 자리 고목들로 여태껏 피비린 눈을 뜨고 꼿꼿이 서 있는 그 충혈 된 간땡이가 퉁퉁 부풀은 눈빛을 보네 모진 날들 한 맺힌 백골의 분통을 새겨 머리카락 치켜세우고

---

29) 명선봉(明善峰), 높이 1,586m. 주변에 연하천대피소가 있다.

남부군 총사령관이 빗점골 골짜기서 최후를 장식한 곳이라네 그날의 은밀한 자리터가 어디쯤일까 맥을 짚어 가늠하네 삶을 다하지 못한 떠돌이 혼백은 찰지게 이 계곡에 허깨비들 설치며 주름 다잡고 있다네.

지리산 치고 잦은 난리 통에 사무친 숱한 목숨 안 묻은 곳 있겠나. 빼끔 두 눈 시퍼렇게 환장할 넋 영혼들.

벽소령[30]

쓰담쓰담 해주고픈 짙푸른 하늘재라, 벽소한월에서 호화론 빛을 보았다네

산은 울울창창 겹겹이고 그 꼭대기 창공으로 떠오르는 달이 견주면 오묘한 도를 너머 푸른 사금파리 빛에 버금간다는 그 산 위에 뜬 쟁반 좀 보래, 지리산 손가락 10경중에 4번째에 꼽힌다네, 벽소령이 품은 벽소운동과 추성동 그 깊은 요새의 꿈틀거림 환장할 계곡을 언제 한번 가 볼래.

벽소령 고개 정상엔 인걸과 그의 두 자식의 화신인 부자父子바위 있네

아직도 선녀 제 어미를 아부지와 아이는 목젖 타게 징징 보채고 있는데 선녀는 날아올라 승천해 저지른 일 까마득 까먹고 호위호식 열중 하고 있을래 와서 애와 어른 좀 달래보게.

---

30) 벽소령(碧宵嶺), 높이 1,350m. 옛날에는 경상남도 함양군 마천면과 하동군 화개면을 이어주던 교통로였다고 한다.

아미선녀가 날아 떠난 비린내 계곡엔 그 예전 얽힌 사랑은 기다림에 눈은 충혈 된데 언제쯤 동아줄 두레박 타고 칠색 무지개 깔고 피눈물 젖은 벽소령에서 핏줄의 상봉을 다스릴래, 오늘날 하늘나라도 탄복해 금방 빌어먹을 돌부처쯤 깨쳐서라도 예전의 그 선녀 불러 앉혀 눌러 덮은 사연을 극적 드라마로 환원할 날 언제니, 네 마음 씀씀이 용했듯이 얼른 와서 아미선녀야.

누대로 전해오는 설화는 뼈에 사무쳐 울적하게 싸늘한 화신불이 된 시퍼런 애달픔.

임걸령[31)]

반야봉의 물줄기는 그의 허리에서 용솟음하네, 임걸령을 헐레벌떡 거쳐 불무장등을 뛰고 솟았다가 피아골 삼거리로 연곡사로 용이 되지 못한 이무기가 우렁우렁 쩡쩡 얼음장을 울리다가 섬진강가 자갈자갈한 순수한 물소리를 토한다네.

피아골의 상단에 임걸령 입산통제구간 풀렸네
임걸林傑이라 했는데 임걸년林傑年이라고 했다는 이름에서 임걸령 생겨났다?
네 높이 하늘을 다스린 데도 예전 보부상 길로 흥청 했것네
수많은 격동기에 피의 목숨들 묻힌 큼직한 전란의 내력도 시뻘게 온다네.

예전 전전에 하고 피아골 계곡을 만지작거리네
산이 붉게 타서 단풍 비친 물빛 진홍빛이어서 뭇마음 동화되어 마음 속 붉은 기운에 덜거덕 어려서 이름 값한다는데, 기골이 찬 피아골 단풍 맛 아까운 낙화하기 서러운 홍단풍 빛깔이라는데.

31) 높이 1320m.

촛대봉[32]

길길이 날뛰며 분기등천하는 자 있으면 펑펑 눈이 눈을 가리는 날 세석산장에서 가파르기 자랑 으뜸인 촛대봉 길 오르라.

눈이 앞을 가려 촛대봉 바람도 겨운 날,

와서 촛대봉 끝부분에서 남사면 거림계곡을 눈여겨 뇌리에 두고 두말없이 당차게 코스를 잡으라.

골짜기 도장골 흔적도 지운 폭설이 덮인 눈밭을 밟고 하산길로 채찍질을 해 보시라

자칫 가슴까지 빠지는 빡센 겨운 날에 네 거룩한 육신은 파묻혀 한갓 지푸라기 꼴일 것을

눈앞에 거림골 뻔한 것 같아도 네 한 생명 부지하고자 사생결단을 해야 만날 것.

한때 혈기 젊은 몽뚱아리 목숨을 밑천 삼아 스틱도 내팽개치고 지척도 분간 못할 빛나리 촛대봉 하산 길이었다네,

생 소름 끼치는 기기괴괴 그날의 자충수.

---

32) 높이 1,703m.

그날 천왕봉

아련타 연화선경길엔 내 유년의 꽃안개 열은 그 핑크 시절을 쓸어담네 장터목 대피소 터치하자 반기는 제석봉길 반질번들하다 하늘 길 입문하는 꽉 쪼이는 통천문 그곳 수호신 또한 윙크박수다 숨이 찰 줄이야 깔딱껄떡 거릴 줄이야 어이할거나. 백두대간 남진단독구간종주의 끝자리 꾸역꾸역 고행의 행군 길 막바지 눈에 든다네 영광의 면류관을 쓴 1915m 면전이었네 백두산의 혈류가 예까지 그래 두류산 이름으로 흘렀다네 간담이 싸늘써늘한 웅장한 암괴가 너의 머리께였네 육중한 하늘을 받들어 묵언중이네 속세의 어리석음들 네 알라 이르네 만추의 단풍풍경 절정이고 저 구름타고 오는 묵직한 영기를 보래.

7개의 폭포와 33개의 소沼를 뒤에다 두고 천왕봉 남벽으로 뻗은 그날 사태구간 지나 암바위 점령해도 물길 깡마른 남벽 통신골 능선의 기암 아름다웠네 내밀한 속살 지루하게 무진무진 깔린 바위 돌무더기를 쓰다듬고 협곡을 내리 닿았네 잔망스럽게끔 홀짝팔짝 개구리 뜀박질 하듯 돌 암반길이 인상적이었네 통바위 계곡구간 들어서 순간을 절제하고 안전을 확보하라 하네 안개 속 뻐꾸기 부엉이가 교대로 짝짓기 하던 그곳 내내 거룩한가 물길이 사람 길 된다더만 곧추 내리뻗은 곳 합수부가 어울리데 통암반의 무채치기폭포 잘있나 전통을 넣네 강렬한 통신 길 맛보던 그날 몽실몽실 다시 등골을 지피네 두고 아쉽게 가네 우야꼬.

제2부

다렌 항을 찾아서 07042325

대폿집의 차양은 방정맞게 까부는
골통 주모다.
오늘은 스산한 구름의 늑골마저 등달아 펄럭대는
출항 전날 서해를 건너뛰어 항해에 전념할 이 짐승
보챈다 밤새 이 저 꼴로

새바다SAEBADA호[33] 내장 속으로 들자
돌연 메스꺼운 속이 눈과 귀를 울컥! 연다.
기름 냄새를 연방 귀띔한다.
섬 둘레는 습하고 후덥지근한 남동계절풍이 점령 중이다.
천대박골[34]을 퇴각했다 진군한 안개가
신부의 면사포네,
짐승의 몸체를 감쌌다가 꼴랑 밤새 걷힌다.
비와 닿자 연방 바람 불고 파도 높다는데
푸우! 푸우! 열기를 품어내던 간밤의 예감,

---

33) 국립 경상대학교 해양과학대학 실습선
34) 경남 통영시 인평동 서남쪽지역 골짜기의 마을 옛날 지명이다.

고기압이 저기압을 밀쳐낸다는구나.
추상적인 개념이 머리를 진드시 누른다.

버튼을 누르자
꽃 되어 활짝 응답하는 너
성스러운 길목을 다스린다.
현 위치를 꿰뚫는다.
D43°06. 880N
127°05. 971E
13.2KT
264.5°T
심장이 녹녹하게 불티나 난리 통이다.
밤눈이 밝아 섬과 섬의 골목길을
기차게 훑어 앞길 헤집는 너.
네 속뜻 알듯 한 우측 앞 청산도,
예감할 수 없는 수심은
갖가지 색깔로 눈을 희롱하고
보랏빛 버짐들 산재한 곳,
웅크린 여35)가 헬멧을 쓰고
기포를 뿜으며 잠수 중이다.
일출일몰의 장관이 뜻대로 흔치 않다는 바다,

35) 물속에 잠겨 있는 바위. 암초(暗礁).

지구라는 등을 타고 순항 중이다.
상선은 사정거리 밖
떴다간 깜박 눈웃음치는 수평선
등짝을 깜박깜박 더듬어 가닿아야만 할 7월,
레이더는 끊임없이 돌고
엉덩이에 불을 달고 가는 뿔이 돋은 이 짐승.
예서 실감 난다
광활한 바다는 부풀어 위험한 풍선이다.
연방 터진다는 풍만한 가슴이다.
홍수기에 찰랑찰랑 넘쳐나는 낙동강 제방 둑 앞이다.
주술이 웅얼거리는 바다
댓잎이 하르르 떨리자
무녀의 치마폭이 요동친다.
돌섬 하나 없는
크나큰 고래의 등짝이 반드럽다.
무동 탄 애가 요쯤서 까불댄다.
큼지막한 ≪WAN HAI LINES≫가 반기다가
손수건을 흔들며 코앞에서 작별 중이다.

슬슬 내리 처박는 선수船首
파도밭에 더 잘 논다는 소형선
갈라진 흔적은 이내 지워져 버리는

물의 습성을 다잡는다.
쏟아내는 스크루우의 장엄한 폭포
포말의 물안개가
갖가지 상상의 목숨들을 일깨운다.
심해 속으로 사정없이 곤두박질치는 거대한 물굽이
끓는 맥박이 멈추지 않는 한
귀를 먹게 하는 천둥소리는 영원하리라.
볼 것 없이 너른 바다의
웬만한 낙엽들을
빗자루로 간단히 쓸어버리고 있는 이 짐승
깐깐한 반란을 잠재우며
초지일관 더듬이를 앞세운다.
흑산도 끝단 지나 서쪽을 치며
항진 중이다.
웅크린 산둥반도 쪽! 살펴 긴다.

D37°14. 849N
124°08. 882E
14.4KT
343.5°T
칠흑 같던 하늘에 구름 씽씽 바쁘고 달뜨자
파리하게 질리는 거대한 우주

별의 영혼이 빠끔 눈을 치뜨고
히프를 세차게 흔들어댄다.
아코디언의 팰릿 밸브가 떨린다.
궁여지책 끝에 막막한 그 북두의 요람은 어디쯤이냐!
앞길 먹먹한데
이 공해상에 떠 한 점이 된 표류자의 야밤을 엮는다.
간간이 67 혹은 68 눈에 삼삼하고
아! 아! 저기 헬 수 없는 stone
전방 WP2 점을 단단히 확보하라.
강풍에 롤링 피칭으로 심한 멀미다.
푸! 푸! 토해내는 현기증
저기압 골의 스산한 기류풍이
서서히 겨드랑이를 쿡쿡 연이어 찌르자
텅 까르 텅텅 까르르
대포소리에 자지러지는 짐승이다.
삼각싸움 맞받아치고 있다.
망망대해 ≪LOS 금성≫이 입에 게거품을 품고
허공에 포말을 뿜어대며
그는 육중한 고래다.
나의 짐승은 서핑으로 갈길 다스리고.
노도 속 분노도 깨치며 여전 하구나.
하염없이 머리 쳐 박으며

절을 해 쌓는 이 짐승
무게 잡던 것들이여
가능한 자세 내리 수그리라.

D38°12 013N
122°27. 232E
14.5KT
318.9°T
때로는 파도끼리 울부짖는다.
철판이 구부려졌다가 펴지는 소리
텅! 텅! 텅! 까르 까까르르
살점 떨리는 진동으로 요동치는 짐승
가슴이 쿵쾅거리자 파리하게 질리는 너,
ASAS JHM 240000UTC, ARP. 2007
SURFACE ANALYSIS를 읽는다.
암 수컷이 서로 맞대어 몸 비벼대며
벌겋게 엉겨 붙었네.
열애 중에 불꽃 튄다네.
이 혼절의 세상에서는 모든 짐승들
끄떡끄떡 잘도 답하네.
창경窓鏡[36]은 이승과 저승을 갈라놓은 문,

36) 선원실에서 밖을 볼 수 있도록 벽에 설치한 유리창을 지칭 함.

해수면의 표피서 너희들의 반란을 본다.
머리 푼 바람은 기류에 섞여 미쳐 날뛰는 파고에 처박는다.
저기압 골의 성깔이 꼴값을 떤다.
이 짐승 스타킹 한 올만 나가도 만사 끝장이다.
네 몸뚱어리 귀중하다는 것 이 시점에
오싹 등골을 친다.
절박의 끝자락은 어디쯤일까,
삼일 밤낮 난기류에 휘몰려
뗏목 위서 파도와 뒹굴던 어느 사투,
흡사 그와 다를 바 없네.
팔뚝이 강한 자들만
예서 살아남았다는 구나.
바다의 신만이 철선의 짐승들을 지켜주었다네,
깨어 있는 것은 귀가 밝아 늘 그리움을 뿜는다.
황천황해 끝에 핼쑥한 몸,
곰곰이 목숨의 끈을 옭아매었던
파리한 순간들이 오래 스친다.

몸 색깔을 바꿔대며
움츠려서 꼬리를 치느라
여념이 없었던 너는

제 핏기를 드러내기 시작한다.
언제나 피 터진 여정은 기억에 남는 법
항차航次마다 운명이고 치열한 삶이었다.
반란의 세상을 다스린 인내를 어루만져 본다.
한결 몸 풀어 수월해진 발놀림
시달린 끝에 몰아 닿는 평온함 있다.
서른세 가지의 탁탁 끊어 닿던 바람이
가무 악으로 하여 하나의 춤으로 승화된 통 큰 몸짓을 만났다.
이국의 섬이 하나씩 시야에 깔리고
몸에 소금 꽃을 뿌리고 서둘러 항구로 돌진하는 어선들,
해안선을 따라 끊임없이 불빛이 터진다.
한껏 늘어져 잠에 취해 보고픈 갈망의 구렁텅이
여전히 앞을 헤쳐 대는 이 짐승만
긴 마라톤 끝에 제일 숨이 가쁠 뿐
오성홍기五星紅旗가 선수서 펄럭대고
태극기太極旗가 뒷북을 친다.
예꺼정 와서 흙탕 범벅인 바다를 포옹한다.

선장의 명령이 떨어지기가 무섭게
볼 것 없이 갯벌 구덕에 처박히는 닻!

D38°56 101N

121°39. 109E

00.0KT

000.0°T

이 아름다움을

어찌 잊으리
위태롭게 꽃사태지는 이 절정을
섬마다 쌍쌍이 내려앉는 저 물새떼를
꽃물 흥건히 젖어 기쁠
내 가슴에 어우러져 어쩔줄 몰라
이렇게 절로 어깨를 들썩일
흥에 겨운 눈 앞의 이 절정을
나만 흠뻑 젖을 것가.[37] 이 아름다움을

---

37) 기 발표한 부분을 개작하다.

갈치 뼈

대마도 난바다 상감마마 은갈치란다
요놈 꿈틀대는 꼴 보란다 능청 한 몫 능글맞다
낱돈 풀어 두툼한 놈 골라 삐딱길 들어섰다
네 살 막둥이 갈치 살맛에 홀랑 빠졌다
갈치 뼈 아찔하다 혀끝을 맴돈다 했다
위험타 끝에 이런 덜컥 목에 걸렸네
밥상머리서 덩달아 난리다 어이할까나
허탕 끝에 이참에 목구멍으로 애 엄마 손가락 넣는다.
딱 가시 뼈 훑었다, 파리한 아이 얼굴색 본색으로 되돌렸네
누차 조심 경고 했는데 너 어느새 또 일 저질렀냐
간뎅이 부풀은 짓이라고 호통 친다.
살만 발라 먹자고 당부해도 눈먼 뼈 무섭지도 않느냔다.
문득 이참에 매 들고 소란법석인 판에
검사와 피의자의 팽팽한 논쟁을 떠올린다.
몇 건의 통뼈 박힌 교훈도 깡그리 잊은,
이 시대를 역행시킨 배후가 거들이 났다는

석간신문을 읽으면서 아프다.
진구렁 뻘밭 속 뒤끝은 늘 애리하듯
골수에 박힌 너희들의 가시는 우얄 거나

잘피밭

잘피밭은
훌라후프 놀이에 열중이다
바다 인큐베이터
수중아파트 단지는
물결 따라 궁둥이 댄스 춤이다
고밀도 집성촌인 이곳,
산란장이며 눈뜨고 부착하자
옹골진 서식지가 된다
다량의 영양염과 식물성 플랑크톤은
어족의 명줄이다
잘난 것 못난 것 죄다 없어 오순도손
눈에 넣어도 안 아플 치어들
한창 숨바꼭질에 혼이 빠졌다
삶의 자궁이자 목숨의 보금자리에서
만조와 간조 사이 너희들 널뛴다.

어디선가 친어[38]들의 산통이 끝날 즈음

---

38) 번식 시기가 다된 성숙 어류.

폭죽이 막 터진다
쏟아내는 생명의 불꽃
순금 빛으로 수를 놓는다
영험한 꽃밭이다.

먹볼락

너들의 불거진 눈알은
새콤한 포도다
아니다! 두툼한 체크무늬 코트의
옻칠처럼 검고 광택이 돋은
단추다.

깎아지른 해저 동굴 속은
오밀조밀 하다.
그 눈도장 찍은 출입구가
은밀한 곳 안식처로 향하는 들머리다.
아마, 다섯물서 아홉 물때가 활동의 적기라
수초가 삼삼하게 차양을 이룬 곳
너들의 화려한 외출이 빈번하다 그렇지
통영 욕지도 앞섬 납도의 수심 깊은 이곳서
몸집 두툼한 한 무리의 떼를 발견 한다.
먹볼락 떼는 가창오리의 군무다.
쉴 새 없는 수로의 높은 음 낮은 음에 뒤섞여
밤무대는 울렁울렁 그들만의 잔치

어부를 얼추 빼 닮은 피부 꼴은
단번에 먹볼락인 걸
천기를 다독이다가 식성을 채우느라
넋이 빠졌다 너들만의 천국은 바로 여기다,
그중, 오늘이 물질 고른 날
먹볼락 흔타.

자궁은 다시 따뜻하다

오롯한 새날 문이 열린다.
해양은 늘 속이 너른 짐승이다.
생명의 서식지 저 싱싱한 파도 밭은 항상 우리들 편이다.

오밀조밀한 삶이 어우러져 피어쌓는 항구
이 텃밭에서 먼지를 털며 클래식 음률에 취한다.
새 정박지를 향할 뱃고동 소리는 거침없이 날린다.
지난해 도란도란 꿈결 같던 화두를 가슴에 묻고
다시 꽃자리 간절한 바람을 닦는 것이 바로 우리다.

꿈은 결국 와 닿아 꽃으로 피어 만발 하던 것
천기를 예감하여 진로를 타진하며 선체를 다스리리라.
물살 센 곳 여울목의 버팀을 아우르고
파고의 등정을 맛볼 무렵 새삼 웅크려 설레리라.
지루하게도 지구의 등을 타기 위해 여념이 없는 이날
어김없이 검붉은 새해의 칭송은 수평선 너머서 징소리징소리로 온다.
긴 여정 끝에 가 닿아 닻을 내리꽂을 그곳을 기리며

오늘 모두 축제의 잔을 받들며 흥겹다.
낯설음이 다독여 줄 그곳 온후한 품
내일의 항구는 다시 훈훈하여 혈기 가득하리라.

남해 설천 우럭이 아지매

바다고기 우럭은 영 아니다. 바닷물 물러나자 바닥이 훤히 드러난 곳 우럭이 조개다. 3년산은 돼야 제 몸값을 친다. 애리애리한 것은 곱고 귀엽다. 껍질 빛도 흰 기라. 숙성된 놈은 껍질이 짙은 갈색 빛을 안고 도는 게 옹골차단다. 바닷물 묵고 산 터라 물 탓도 만만찮단다. 여문 갱문에서 자란 탓에 속이 꽉 찼다네. 안 여물면 바로 리콜 된다나. 남해 대교서 창선 방향한 4키로 남직 설천쯤서 우럭이 자랑에 한창인 아지매 만나다. 입에 침 튄다. 보름 한사리 뒤 물때는 용하게 핀다나. 이정도면 태산이란다. 빤히 보면 속도 안단다. 내 조개밭 야물다여물다 한다. 연방 난전 펴자마자 동을 낸다는 우럭이 아지매의 설법이다. 갱문도 갱문 나름이란다. 조개밭 실하다고 염병 떠들어도 뻔하단다. 속 찬 것 안찬 것 따로 논다나. 민물이 쓸어주고 바닷물이 밀어줘 성품이 톡톡하다나. 그래야 상품난단다.

사람 목숨이나 조개 목숨이나 매일반이란다. 삐죽으면 아무 짝에도 못쓴단다. 아랫도리 힘없는 놈은 구들장 구실만 톡톡히 한다나. 설천 우럭이 조개 들고 고놈 오줌발 낯에 환칠로 한창 호들갑 떤다. 매번, 물때 맞춰 주문이 줄을 잇는다고 입에 침을 튀기는 우럭이 아지매 만나다. 풀풀 갯먼지 털며 신바람 탄다.

추도 물미기

황토밭에 뒹굴어 쌓는 복실복실 강아지다. 태어나 눈 뜬 지 얼마 안 돼 걸음마 서툴다. 곰실곰실 누런빛에 가무잡잡하다. 짧은 털에 윤기 오른 꼭 누렁이 새끼다.

물미기물미기 하며 그를 찾아 나선다. 추도 섬이 퍼떡 면상을 친다. 잠수를 한다. 용머리 석림石林 지대 돌아선다. 분지형의 물밑 네들 텃밭에서 흩어져 까불대는 그들 있다. 오늘, 10월 중순이다. 요놈조놈 손짓해 본다. 11월 들어 흩어진 것들 난류성 해류 덕에 만남의 광장은 분주하리라. 제철 맞은 동지, 그때쯤 되면 토실토실한 곰실이 노니는 운동장은 소란도란 분주하리다. 군집은 절정에 닿아 홍청망청 하리라.

추도 물미기, 고향 물맛 보러 한 철 들른다. 용한 해저 지하 용천수 덕에 그들 섞인다. 맹물에 목욕하러 물개 밑으로 몰려 품새가 좋다. 알 슬러 와 혼이 빠졌다. 요즘은, 가끔 수온이 안 맞아 1월까지 홍청댄다더라. 추도 물미기 어깨춤에 얼쑤아리랑 땀난다. 매사 튼튼 복 있으라 빈다. 낙조와 더불어 하루 여분이 비좁다. 물미기물미기 하면 추도가 온나온나 손짓을 한다.

갈치 채낚기 선船을 타고

피싱엔 은유서핑이다 섬사이는 탈출로네
울렁오슬 뱁짜게 춥네 이력이 든 갈치잡이 어부들
베링 해海 생사生死를 돌본 시베리아형 선장이다.

연화도 용꼬리 너머 저 칠리 매물도 지나
통영항서 3시간여 달려 공해상에 안착이다
너울이 센 파도 이랑 불야성인 LED 집어등.

하현달 희붐한 날 해류가 얼추 강물 닮다.
수심은 79.1미터 묵직한 납추 낚시 7개
어장이 형성됐다고 앙카 풍을 달았네.

최상품 대형 은갈치 고등어 삼치는 물렀어라
상갑판 이물차지 잽싸게 어군魚群을 후려친다
무르팍 확 꾸리고서 난바다 맛에 생기 돈다.

비늘을 터는 뱃전 소금 꽃이 피는 바다
처박네 까딱 조릿대 이물船首이 한결 삐딱하네
한 항차 흡족하다네 달뜬 소문 들끓겠다.

대구 주복을 털다

첫 호망 가득채운 씨줄 따라 통통한 알 대구
아가미 피톨 붉은 새벽녘 선연한 빛깔
헛통과 자루그물에 며칠 어황이 눈 떴네.

뱃전에 살얼음 도네 풍랑주의보도 아랑곳 않네
한류성 저어성 어족 대구 주복엔 어림도 없어
입 소문 달랑 퍼지자 부리나케 어장을 터네.

이맘 때 술렁대는 거제도 대구축제
덕장은 늘려 있고 약대구도 한 몫 한다.
동장군 녹이는 별미 겨울진객 으뜸이데.

일품인 눈雪 본 대구맛 외포항 술렁대는 갯마을
해동에 꺼득 말린 것 생대구는 저리가라네
피대고 찢은 맛에는 고소함이 넘쳐난다네.

조업

섬 중턱 안식의 터 앞 확트인 생업의 근거지
좌편엔 두미도다 우로 보아 사천의 몸짓
빤히 뵌 사랑도 하도下道 옥려봉이 목말 탔다.

지난 밤 곤한 잠에 뇌리 맑아 초롱초롱한
새벽녘 물때에 맞춰 어부와 아내 출어한다.
튀는 물 한 짐이 된 날 성기고 굵은 삶 아랑곳 않다

통발을 낚아챈다 기대 잔뜩 예감 적중
욕지 뒷등 짠물 범벅에도 딴청 피는 면전의 아내
한 생애 근사한 근력 손놀림은 거침없다.

삼덕항 예서 얼만가 기차통을 닮은 엔진
난바다 설친 아내는 그새 깜박 졸음이 닿고
한 조금 셈을 맞춘 날 빡센 허리 펴인다.

섬

쫙 펼친 직벽이다 휑! 뚫린 절해고도絕海孤島
비켜 앉은 귀때기는 누대로 핥인 흔적
백골에 드러난 뼈대 태풍 닿자 허공의 꽃.

전신이 까부라져야 대륙사면도 화끈 닳는데
해조류 어족자원 뛰고 날뛰는 놀이터 된데
문전 앞 해녀 자맥질 이승이 가픈 네 휘파람.

풍랑 탄 청랑한 해풍 날랜 그물질에 거스른 어부
삶의 돈 애살스런 버팀목 물밑서 꾸린다는
제살을 떼어주어도 서운치 않은 쇄파碎波잦은 섬.

남제주 동쪽전방

고기떼 뭉뚱그려 확실하게 부동자세라
제철 맞춰 인기 어종 꿈대로 적중 했네
고등어 전갱이 떼에 방향타方向舵를 튼 원양어업

은밀한 탐지기가 레이더 파를 쏘아 받자
어군의 가장자리는 집어등이 홀려댄다.
선미식 트롤선 꼬리서 그물 통은 잠수하네.

구축한 선단의 포위망은 한 치 오차도 없었다.
파르르 심장이 떨린 어장 군을 덮친 그날
어군의 등 푸른 기상은 꼼짝없이 움츠렸다.

그물 놓고 중층을 노려 어망을 둘러댄 뒤
팽팽한 긴장의 순간 남제주 동쪽 전방
고삣줄 부동선 선수船首의 묶인 줨을 조여 댄다.

행여나 놓일 새라 조바심을 곧추세운
투망해서 어획하는 데 두 시간쯤 족히 걸려
양망기 삐꺽인 끝에 그물망이 찢길 지경.

태평양

에워싼 환태평양 불화산 고리 제4 신생대
분별없이 분화하는 판경계의 진앙지다
알프스 조산운동으로 습곡산맥 속 혈血의 용암.

팔대반도 안데스산맥 알레스카 큐릴열도
일본반도 동인도제도 뉴질랜드 소수小數 군도
에둘러 어깨를 얽어 핵을 안아 품었다.

네 범람 미시시피야 열병 앓는 황하 강아
후쿠시마 원전오염도 싸잡아 희석하네
일 년간 유동의 궤적 4천마일 원판 물굽이.

원심력 만류인력 쏠림현상 오묘하네
요동치는 벡터Vector세레다 와류와 스월Swirl현상
태평양 놀이마당에 오물 조물딱 순환해류들.

오대양 줄기세포가 죄다 섞인 생명의 둘레
빅뱅의 초심을 넘어 블랙홀의 시원始原이다
궤도선 우주정거장에선 눈이 시려 그만이다네.

〈서평〉

충일한 서정의 구체화

손 남 훈
(문학평론가, 부산대 교수)

김보한 시인은 한때 바다를 노래하던 시인이었다. 1990년대 그의 시는 인간과 바다의 조화를 꿈꾸면서, 자본의 마수로 인해 황폐해져 가는 바다와 풍요로움을 상실해가는 인간의 삶을 냉엄하게 그려낸 바 있었다. 그러한 그가 시집 『진부령에서 하늘재까지』(말씀, 2008), 서사시조집 『백두대간, 길을 묻다』(시계, 2017)을 상재하면서, 시인 스스로 '山몸詩'라 부르고 '현상의 시학'이라 칭할 수 있는[1] 시적 방법론으로 백두대간을 형상화하기 시작했을 때, 다시 말해 시적 대상을 바다에서 산으로 옮겨갔을 때, 많은 이들이 의아하게 생각했을 것이다.

이는 필자 또한 마찬가지였다. 하지만 시인이 보내준 원고를 읽고 난 후, 그리고 앞선 백두대간을 주제화한 시집

---

1) 김보한, 「책머리에」, 『진부령에서 하늘재까지』, 말씀, 2008, 5쪽.

들을 살핀 후 처음 내뱉은 혼잣말은 '응당 그러할 만하다'였다. 표면적으로 김보한 시인의 시편들은 바다에서 산으로 눈을 돌리고 있지만, 내포적으로는 그의 시에 일관하는 생태학적 상상력과 현실 비판의 엄정한 주제의식이 여전히 생생하게 살아있으며, 그로부터 빚어지는 시적 긴장 또한 손쉽게 감지할 수 있었기 때문이다.

아니나 다를까, 김보한 시인의 시편들은 초기부터 지금에 이르기까지 일관되게 시인의 체험에 기초하고 있다. 그것은 시인의 시적 상상력이 지닌 한계를 의미하는 것이 아니다. 왜냐하면 김보한 시의 시적 형상화 방식은 체험이라는 든든한 뿌리와 그에 대한 믿음에서 비롯되는 것으로, 그의 시편들을 독자가 신뢰하게 되는 바탕이 되는 것이기 때문이다. 58kg의 몸무게로 28kg의 배낭을 메고 홀로 백두대간을 촘촘히 누빈 한 인간의 숭고한 열정은 곧 시에 대한 시인의 구도자와 같은 신앙을 증명하는 것일 테다. 누구도 명령하지 않았지만 스스로 행해야 한다고 믿는 믿음에서 행하는 일, 그것을 우리가 '윤리'라는 이름으로 부를 수 있다면, 백두대간을 오르내린 시인의 발걸음은 바로 그 미적-윤리를 향한 순례자의 길에 다름 아닌 것이다.

버리기미재는 열반의 전나무 숲으로 둘러쳐져 환영하고 배시시 입 벌고 목숨들 익고 있는 날이네
적적한 가슴팍쯤에서 그대의 똑똑한 사랑의 밀담인 명찰이 너무 신기해서 쓰다듬어 보네.

곰넘이봉 맞아서 촛대봉 너머 밧줄 타는 까끌스런 바위산 투성이

아차 실수면 꼼짝없이 생고생에 갇히리라는 생각에 절어
곰곰이 되씹는 길의 중차대한 사명은 뇌리에 떠오르더니

완장리 마을 주차장에서 불한령계곡을 따라 올차게 올라야
블란치(불한티)골의 세찬 물줄기는 싸하게 덤불 속에서
울린다
계곡을 차고 올라온 8월의 냉습한 바람은 답답한 가슴마
저 선선하다
오늘의 나무야 이쯤에서도 무럭무럭 성장해서 쭉쭉 뻗어
의지의 등걸이 되거라
견고한 뿌리는 육중한 하중을 지탱할 것을 명심하고
세상길 헤치며 마음껏 솟구쳐 큰대문바위 닮아라
저 무심한 대야산 정상이 빤하던 그곳 눈짓의 다정다감
으로는 감감하다
멈칫 블란치재에서 심신의 청량제 들이키네 새벽길녘.

-「블란치재」 전문

한여름, 버리기미재에서 블란치재까지 이르는 시인의 여정은 "중차대한 사명"을 실행하는 것으로 여겨지고 있다. 그러하기에 "아차 실수면 꼼짝없이 생고생에 갇히리라는 생각"이 없지 않을 정도로 위험천만하고 숨 가쁜 가운데서도 시인은 뚜벅뚜벅 제 발걸음을 확신하는 발자국을 멈추지 않고 찍는다. 시인으로 하여금 또 다시 걸음을 옮기게 하는 그 마성의 힘은 아마도 거기 어디쯤에서 약속없이 만나게 될 "열반의 전나무 숲", "사랑의 밀담", "냉습한 바람"이 반드시 있을 것이라 믿기 때문이다. 시인의 "적적한 가슴팍"과 "답답한 가슴"을 가시게 하는 이 산, 저 계곡, 그 재는 각각의 고유명으로 시인에게 각인되어 "의지

의 등걸”과 “큰대문바위”로 자라나게 될 것임을 시인은 의심하지 않는다. 이는 먼저 “오늘의 나무”를 향한 시적 화자의 축원하는 언표로 보이지만, 그것은 또한 하산 이후 신산스런 삶을 살아갈 수밖에 없을 시인의 자기 다짐을 내포하는 것이기도 하겠다. 그러하기에 시인은 “심신의 청량제”를 한껏 들이킨 후 다시금 멈춘 걸음을 옮길 힘을 얻을 수 있다.

시인이 지닌 이와 같은 구도자적 태도는 산행에 대한 각별한 의미화에서 비롯한다. 그렇다면 시인이 형상화한 산과 그것과 대비될 수 있다고 가정되는 속세의 관계는 어떻게 정립되어 있는지 확인해볼 필요가 있다.

> 한치도 양보 않는 너네 고봉들 각각은 신의 한 수로 절묘하다
> 세상의 이상이나 이념 따위는 일체무언 앞에선 도道를 일체 논하질 마라
> 봉긋빵긋 제 낯빛 도드라져 신선되어 노니는 황홀경에 열반한 이 자리 터
> 닦아 놓은 길 참으로 희한요지경하고 오묘하다.
> 남의 눈을 피한 산행은 흥얼거림과 설렘에 8월의 염병더위도 물렀어라 다중효과 만점이다
> 이날의 발걸음 가볍다는 건 신의 세계에 가차이 동참하는 연습 중의 하나라네
> 산행길에 싸락의 별빛에 취해 솔깃해 머뭇거리다가 줄지어 속리俗離를 다가가네 도닥거려보네
> 한 무리의 나무들은 우주의 속삭임을 들은 것인가 묵묵한 행보의 목숨 한창 넋을 잃고 어리둥절하다는 표정들이네
> 그리운 이들의 기억들은 산의 자리 터로 와 동참하네 천

연을 닦고 있는 무리의 족속들 있다네
밤들어 어느 천국의 왕국이나 해당되는 산중에서 모두들 원죄를 하나씩 꺼내어 뇌를 두드리며 썩은 것들을 닦아내고 있네
못다한 밀회를 두고 새 무대를 포옹하네 속리의 문고리를 여네 무한히 뻥 뚫린 자유가 눈앞에 와락 열리네
몽롱한 지금 발길에 차이는 돌부리돌부리들 흔타
징금다리 인생 돌부리

-「속리산 천왕봉」 전문

옛부터 산행은 지금-이곳의 의미와 가치로부터 벗어나 초월적 세계를 지향하는 주체의 의지를 반영하는 것으로 여겨졌다. 이 시에서도 "세상의 이상이나 이념 따위는 일체무언"이라든지, "이날의 발걸음 가볍다는 건 신의 세계에 가차이 동참하는 연습 중의 하나"와 같은 표현에서 주체의 초극 의지가 엿보인다.

그런데 이 시는 단순히 산(초월)과 속세(현실)를 이분법적으로 구분하는 데서만 멈추어 있지 않다. 왜냐하면 시인은 "그리운 이들의 기억들"을 "산의 자리 터로" 데려와 "동참"시키며 "산중에서 모두들 원죄를 하나씩 꺼내어" "닦아내고 있"다고 고백하는 중이기 때문이다. 그러니까 시인은 산이라는 공간과 그 공간의 초월성을 속세와 대비하여 형상화하는 것이 아니라 도리어 "산중"을 속세와 조우하고 닦아내며 "포옹"하는 공간으로 재편하고 있다. 그리하여 속세에 발을 딛고 설 수밖에 없는 자기 자신의 의미와 가치를 부정하거나 외면하지 않고 오히려 정면으로 응시하는 태도를 보인다. "속리의 문고리를" 열어 "무한히

뻥 뚫린 자유"는 正과 反, 善과 惡, 이상과 현실 등을 구별하고 대립시키는 "도道"를 논하는 자리가 아니라 그 모든 모순적이고 이질적인 것마저 포용("포옹")하는 데서 "와락 열"린다는 것이 시인의 전언이다. 그러니 "발길에 차이는 돌부리돌부리들"은 이상적인 것, 초월적인 것을 향해 나아가려는 시인의 의지를 막아서는 걸림돌로 제거되어야 할 것이 아니라 그저 "흔"한 것으로 여겨질 따름이며 "징금다리" 같은 "인생" 또한 그와 마찬가지로 인식될 수 있는 것이다. 아니, 오히려 그와 같은 "돌부리들"과 "징금다리"가 있기에 시인은 더욱 더 산에 오를 수가 있게 됨을 증명한다.

그렇다면 시인에게 산을 오르는 일은 단순히 초월적 세계로 향하고자 하는, 그렇게 세속적인 삶의 방식을 내던져 버리는 무책임한 낭만성의 발로가 아니게 된다. 오히려 시인은 속악함과 순수함("천연")의 모순을 외화하고 통합하는 과정으로서 기꺼이 산에 오르고 있으며 그 과정의 과정을 시적 언술로 표출함으로써 시적 긴장을 빚어낼 수 있다. 김보한 시가 빛나는 지점은 백두대간의 완주를 시로 형상화했기 때문이 아니라 백두대간의 곳곳을 이와 같은 시각과 태도로 형상화한 데서 찾을 수 있다. 다시 말해 김보한 시의 미학은 웅숭깊은 서정성에서 발견될 수 있다는 뜻이다.

주지하다시피, 서정은 자아와 세계의 통합을 욕망하는 세계관의 발로다. 김보한 시인의 시적 맥락과 관련지어 말하자면 자연과 인간의 통합이며, 모순의 통합일 뿐 아니라 이질성의 주체와 다변성의 대상들 간의 통합이다.

저쪽 산에 나의 나무 두고 이쪽 산의 낙엽을 밟네.
세상사 그늘에서 뒤돌아보는 저쪽 산에 나의 나무야
오늘은 유난히도 석양이 고운 날
그리운 나의 나무에게 편지를 쓴다.
산골짝 안개 속에서 불러보는 뻐꾸기였다가
화창한 여름날 헤매 도는 소리개로 날았다가
야밤에 떠도는 부엉이로 살았다는
가슴에 맴맴 도는 사랑의 사연을
바람결에 바람결에 날려 보낸다.
나무야 나무야 나의 나무야 하고
꿈결 속에서 꿈결 속에서 띄어 보낸다.

-「나의 나무에게」 전문

이 시집의 1부에 속한 작품들은 시인이 백두대간을 오르내리면서 느낀 감정들을 옮긴 것이다. 그런데 이 시는 1부에 속해 있으면서도 유일하게 백두대간이 환기되지 않는 시편이다. 즉 이 시에서 호명되는 "나무"는 특정한 시공간에 붙박여 있지 않다. 달리 말하면, 시적 화자의 심상 속에 "나무"가 자리잡고 있다. 화자가 "나무"를 "나의 나무"라 부르는 것은 이 대상이 오직 화자 자신에게만 가치 있기 때문일 것이다. 그러나 동시에 이 대상은 시적 화자의 바깥에 존재한다. "뻐꾸기"로, "소리개로", "부엉이로" 몸을 바꾸며 화자로부터 일정한 거리를 두고 있다. "나무"는 시인이 추구하는 어떤 존재물로 형상화된 것이다. 그렇다면 이 시의 시적 화자가 심상 속에 펼쳐놓은 "나의 나무"는 한곳에 뿌리내린 나무와 어디로든 날아가는 새의 상호모순적인 통합체로 인식되고 있음을 알 수 있다. 시적 화자는 내포적이면서 외연적인 "나의 나무"의 이중적이고 모순적인 면모를 “꿈결 속에” “사랑의 사연”을 띄워 보냄으로써 간절한 희구의 언사를 구현한다.

이질적이고 모순적인 대상의 통합, 그리고 당위적 대상에 대한 희구는 의심할 여지없이 서정시의 영원한 테마다. 이 작품이 1부의 다른 시편들과 일관성을 가지고 있지 않음에도 불구하고 1부에 실린 이유는 서정의 본질적인 테마에 집중하는 이 시의 창작 태도가 1부의 모든 시편들과 연결되고 있다고 가정할 수 있기 때문이다. 1부의 시편들은 궁극적으로 말해서, 모두 산(자연)과 인간 사이에 발생할 수밖에 없는 이질성과 모순을 종합하고자 하는 시적 의도를 지니고 있다. 그런 점에서 이 시가 1부에 속할 수밖에 없는 이유는 자명하다. 시인은 이 시를 통해서 백두대간을 오르내리는 시적 모티프를 단지 소재적인 차원으로만 이해하는 것을 경계하고 있다. 바다와 인간의 관계성을 탐색하든, 산과 인간을 노래하든 시인은 변함없이 자연과 인간 사이의 모순을 종합하는 서정적 상상력을 펼쳐내고 있는 것이다.

서정의 본질적 세계관에 충실한 김보한 시인의 시편들은 몇 가지 시적 형상화 방식을 동원하여 구체적인 시적 면모를 드러내 보인다. 그 상상력의 벡터를 세 가지로 제시하자면 생태학적 의인화, 인간과 시공간의 통합을 통한 서술시적 구성, 현상과 존재자의 통합을 통한 묘사시적 구성으로 나눌 수 있겠다.

먼저 생태학적 의인화 방식부터 살펴보자. 이 시집의 여러 시편들에는 자연물이 인간적인 감정과 정조를 띠는 경우가 빈번하게 발견된다.

매복한 바람이 마루금에 촘촘히 박혔다
이내 낫 들고 삼지창과 언월도 휘날리며 함성 투성이다
조령 넘을 장꾼들은 죄다 상부 주막터에 걸터앉았어
깃대봉은 문경 제1, 제2, 제3관문을 굽어보며 웅얼홍얼
지금도 중얼거리고 쬐려보고 들고 나는 자 죄다 체크하네
기암·괴봉이 노송과 더불어 대암벽지대
기가 팔팔하여 백발노승이 흘려 그린 산수화네
아렴풋 더디다 맞은 주흘산이 아싸! 오라 반기네
거리감이 애간장을 태우네 가찹다가 멀찍하네
채찍질에도 구보는 제자리 걸음 신선봉 마패봉 저만치서 까딱 않네
제들끼리 키득키득 살포시 웃음꽃바다 들리네
조령산 산정에서 지나온 삶의 밧줄들 꺼내본다.
두고 온 너덜지대가 혼신의 명줄을 흔들어 쌓데
가쁘다가쁘다고 해쌓네만 당해볼만 하다네
길도 다 이렇다는 너털웃음을 한껏 날려대는데
두고 온 문경새재는 저만치서 아찔까찔하다
조령산 넘자 어마어마한 양쪽 직벽 낙타 등이 아차! 도사리고 있네
꼬리를 물고 아이쿠 그것들 꼬집어 일어나는 나의 원죄들
간담이 써늘하자 연방 오금이 파리하게 저려온다.
용케 신고식 마치자 연방 한숨 힐끗 뒤돌아봐지네

-「조령산을 넘다」 전문

이 시에는 조령산을 넘어가는 시적 화자의 여정을 따라 여러 풍광과 자연물들이 함께 참여하고 있다. 그런데 시적 화자가 형상화하는 자연물들은 "매복한 바람", "낫 들고 삼지창과 언월도 휘날리며 함성 투성이", "굽어보며 웅얼

흥얼", "쬐려보고 들고 나는 자 죄다 체크", "기가 팔팔", "오라 반기네", "제들끼리 키득키득 살포시 웃음꽃바다", "도사리고 있네" 등과 같은 표현들이 동반되어 마치 인간이나 생명체처럼 묘사되고 있다. 바람, 깃대봉, 주흘산, 신선봉 마패봉, 문경새재 등 조령산과 인근의 자연지물들을 물활론적 상상력으로 재현하여 산과 인간의 어우러짐을 강조하고 있는 것이다.

이러한 자연의 인격화 방식은 일반적으로 인간중심주의적인 사고라는 혐의에서 자유로울 수 없다고 생각되곤 한다. 존재의 고유성을 탈각시켜 부당하게 인간적인 면모를 가진 것으로만 강조함으로써 사물과 존재에 대한 우리의 인식 지평을 협애화하는 결과를 낳고 자연의 내적 가치를 상실시켜 도구화한다는 비판이 그것이다.

하지만 의인화는 비유의 한 가지로, 비유가 지닌 대상의 의의 발견이라는 측면에서 볼 때 반드시 자연을 폭력적으로 전유하는 태도만을 보여주는 것은 아니다. 더욱이 자연의 의인화는 인간과 자연 간의 연속성을 다시금 제고하도록 이끄는 인식 방법론이 될 수 있다. 문제는 의인화의 여부가 아니라 자연에 대한 인간의 책임 윤리 여부다. 김보한 시인은 산행을 통한 체험의 직핍성을 내적 근거로 삼아 인간중심적 사고를 근본적으로 숙고하는 한편, 황폐해져가는 백두대간을 있는 그대로 노출함으로써 공허하고 형이상학적인 생태'주의' 담론을 에둘러 비판하는 효과를 자아내고 있다. 김보한 시의 윤리는 1990년대 신서정의 메트릭스화 된 자연 예찬이나 구호에 가까운 생태시와 결별하고 있다는 데서 찾을 수 있는 것이다. 그러한 의미에서 김보한 시의 의인화 방식은 인간과 자연이 상호 대등한 서정성에 기초한 생태적 의인화라 명명할 수 있을 것이다. 생태적 의인화 방식은 인간과 자연의 관계를 새롭게 인식하고 자연이 지닌 내적 가치를 생생하게 들려줄 수 있는 수사법으로 채택되고 있는 것이다.

김보한 시인의 백두대간 시에 나타난 또 다른 시적 형상화 방식은 시간과 공간, 인간의 통합을 통해 서술시적 구성을 노린다는 점이다.

하부 능선에선 작은 산도 우러러 뵌다네 급경사 뒤에는 완경사 도드라지고 센 바람 어데 가고 소슬한 미풍도 잠잠한 데 소풍 따라 가는 마음도 평퍼짐하네 평화롭네

산의 품안은 야단치던 바람도 자고 싶고 그 빛깔도 자유롭고 포근하고 마음 몸 홀랑 드러눕히고 싶고 성질 까다로운 난이도 급상승해도 우직한 도보 끝에 정상 나오네

세상이 투명하고 맑아 보이는 지대다 하룻밤 누리고 싶네 졸갑증은 금물이네 그 마루금 오늘에 다할 때 상상의 세계는 펄럭이네 계곡 물소리가 흔하고 마음을 씻어주는 산중 밭에 볕드네 햇살 좋고 조용하고 뉘 자리터 같은 곳 명당이 이곳인 듯 따뜻하네

뒤이어 날 저물자 저체온증에 사람 접치는데 하염없이 몸 다독일 수밖에 도리 없는 날이네, 내리막 소사길 물위에 떠서 흐르듯 내리숙은 경사길의 세계로 들어서는 곳 막다른 푸른 잎맥들은 청청한 세계를 이루었네 몸 가누기 어려울 정도로 엄청 가팔지네 길의 막바지 소사고개 생태통로로 큰 놈이 400kg이나 될런가.

숫멧돼지 앞장 놓고 암멧돼지 뒷장 깔고 가족 이동이네

창창한 새로운 공간을 대하면 새끼 먹이 터가 열리리라.

-「소사재」 전문

서술시narrative poem는 시간의 흐름에 따른 사건 전개가 담겨 있는 시이기에, 산행의 과정을 제시하는 데 효과적이다. 이 시는 편평한 "하부 능선"에서의 "평화"로운 산행과 날이 저문 후 추워짐에 따라 내리막길로 하산하는 과정에서 멧돼지 식구를 만나게 되는 이야기를 담고 있다. 완만에서 경사로 이어지는 산행 공간의 변화와 그로부터 시적 화자가 느끼게 된 평화로움에서 위태로움으로의 간극에 낮에서 밤으로 경과되는 시간의 흐름까지 더해져 시의 짜임새를 이루고 있다. 말하자면 시간과 공간, 인간이 모두 동일화되어 있는 것이다. 이와 같은 시적 전개는「장성봉 이어 하산길」에서도 두드러지게 드러난다. 이 시는 "장성봉" 꼭대기에서의 천둥과 번개를 피해 우연히 산꾼을 만나 굽이진 하산길을 고생 끝에 내려와 "버스종점 불꺼진 허허로운 공터"에 도착하기까지의 과정을 그린 작품으로 정상에서의 위태로움="장성봉 상투", 하산과정에서의 불안="하산 굽이길", 하산 완료의 허허로움="공터"가 시간의 흐름에 따라 기술되고 있다. 이 또한 공간적 형상에 상응하는 시적 화자의 심적 상태가 오후에서 밤으로 이어지는 시간과의 동일성을 유지하면서 변화되고 있음을 보여준다. 시인은 산행 과정에서의 우연한 경험을 그저 나열하는 데만 그치는 것이 아니라 이와 같이 대상 세계와의 동일성을 전제하면서 전개한다. 이러한 동일성, 곧 시간과 공간과 인간을 관류하는 시적 전개 양상이 주체와 세계의 통합을 궁구하는 서정적 세계관의 발로임은 두 말할 나위

가 없다.

서정적 세계관에 기반한 또 다른 시적 전개 방식은 자연 형상과 인간의 통합을 묘사시적 구성을 통해서도 구체화 된다.

토끼봉 산비탈을 내리면 속살 울창한 숲 급격하고 깐깐한 경사로 유명세 한 폼 하는 화개재에서 굽이굽이 돌아 산마을 틈틈이 심어 두고 줄곧 짚어 힘차게 올라서면 칠불사를 만난다네,

남으론 짜릿한 불무장등 확 달라진 모습 뵈네, 임진왜란 때 난을 피해 정착했다는 푸푸한 산골 봉평마을이 들머리다 장사치 넘나들던 능선길 호젓하게 올라서면 불무장등 만난다 그 밀림의 등줄기가 저기다고 손짓 한 곳에 융단을 깔아 놓은 듯한 그곳 아름다운 산줄기 빤하다네.

-「토끼봉」 부분

덕유산 끝자리가 지리산 시작점이 된다는 것 여기가 바로 거기라 흘림체로 날려 두었네

이젠 지리산 살향기에 취해서 풀숲을 양손으로 헤쳐 갈거나

다음은 봉화산 봉수대가 우뚝하고 절고 끌고 온 걸음이야 정겹다.

눈 깜박 졸아도 생기는 붉게 도는 것 목마름 점차 접어드는 길 있네

매봉 입구 진달래 터널 군락 정정하여 장관이네

바람이 불어주니 어우러져 친구가 되라네.

홀로 이 길을 걷는 것과 굽이도는 길이 여간 조화롭지 않네 어렵게 산 타다가 복싱이재에서 하산하면 아영면 나오네

-「덕유산 이어 지리산」 부분

인용한 두 편의 시 모두 시적 화자의 산행 과정을 보여준다. 「토끼봉」의 경우, 토끼봉에서 불무장등으로 이어지고 「덕유산 이어 지리산」의 경우, 덕유산 끝자리에서 아영면으로 이어지는 여정이다. 그런데 이와 같은 산행 과정은 곧 토끼봉에서 불무장등까지, 덕유산 끝자락에서 아영면까지 이어지는 자연지물의 형상을 시적 화자가 포착하여 묘사하는 과정과 겹친다. 시인의 여정과 실제 자연 지형을 하나의 시적 시공간에 분리 불가능한 역동적인 묘사로 제시하여 통합시켜 놓은 것이다. 시인은 단순히 백두대간 곳곳을 밟는 존재가 아니다. 백두대간은 그저 덩그러니 놓여 있는 불변의 형상이 아니라 시인의 감각에 포착되어 동적인 이미지로 탈바꿈하는, 그리하여 시인의 여정에 기꺼이 동참하고 제 몸을 내어주는 의지적 존재가 되고 있는 것이다.

그러니 시인은 백두대간을 혼자 걷지 않았다. 산과 재와 계곡이, 나무와 새와 꽃들이 그의 여정에 함께 했다. 시인이 자연을 의인화한 것이 아니라 자연이 스스로 시인의 걸음을 이끌었고 시인이 시공간을 통합한 것이 아니라 시공간이 시인을 재촉했으며 시인이 백두대간의 연속성을 사유한 것이 아니라 백두대간이 시인에게 제 몸의 연속성을 체험하게 했다. 말하자면 백두대간과 시인은 처음부터 끝까지 하나였다. 현상과 존재자의 통합을 통한 묘사시적 제시는 인간과 자연의 분리 불가능성을 외화하는 구체적인 시적 방법론인 것이다.

광대치 너른 풀밭은
노닥거리기에 시시닥거리기에 잡담하기라

배낭의 무거운 마음을 부려놓고
이렇게 날 것 같은 나래 짓은
등짐의 육중한 하중 때문이니 훈훈해서 파워 넘치는 한 때네

메뚜기 암컷이 수컷을
등에 태워 폴짝 곡예를 해본다?
밑엣 것 위엣 것도 모조리 제정신 홀랑 제쳐두었네 눈가가 홍등 빛이네
딱 들붙었네 쏠쏠한 순수 우얄꼬 넘쳐나겠네
다음 코스는 폴짝 폭신한 내 무릎에 풀썩 앉는다네
화들짝 휘둥그레 놀라 달아나는 너들의
요놈 끔벅 또 한 놈 끔뻑 푸른 눈동자 보래 앙증스러운 징그러운 것들
산에서는 숲에서는 때 되면 어울려서 몽땅 한 몸뚱이로 나뒹군다네
손발이 척척 맞아 머쓱함도 도리어 죄 되는 곳.

아득히 먼 곳은 걸어온 길이고 펼쳐진 시야는 숙명의 미래다
세상사 예쯤에서 흥에 취해 노는 날.

-「광대치에서」 전문

주체와 세계를 통합하는 서정적 상상력은 자연 속에서 하나가 된 인간의 흥취를 표현하는 데 더할 수 없이 적절하다. 이 시에서 화자는 "광대치 너른 풀밭"에서 "메뚜기 암수"가 짝짓기하는 것을 보며 "손발이 척척 맞아 머쓱함도 도리어 죄 되는 곳"으로 생각한다. 문명의 규칙이나 금기가 적용되지 않는 자연 속에서 화자는 "흥에 취해" 있다.

이러한 서정적 흥겨움은 다양한 부사어나 의태어, 의성어를 동반하여 더욱 고조되고, 일정한 음보수를 확보하여 리듬감을 제공함으로써 배가된다. 아무런 갈등도 고통도 없는 주객일치의 상태가 백두대간의 "광대치"에 펼쳐져 있는 것이다.

> 촌락은 도란도란 산의 품 안이고
> 함양에서 중재행 버스는 아래 마을 종점에 멈춰 섰고 바깥구경 유일한 통로 중치라는 데 그 위를 향하고 향해 땡볕에 혈압 높여 가며 솟아 올라간 중재다 용케도 반질한 대간길 있네 동식물이 얽히고설키고 산신의 눈초리가 매섭게 만난다고 한다네 삶과 죽음이 공존하며 스스럼없이 살아가고 있다네
> 임도가 대간 턱밑까지 밀어 닥쳐 포클레인이 입을 딱 벌리고 일에 지쳐 연방 하품 중이고
> 영토 확장에 여념이 없는 너들 세상은 구슬땀에 젖네
> 폐쇄된 식수공급처로 허탈해하다가 아래 개울물 멧돼지 몰골 다녀갔고 달빛 별빛 다 빠져 낡은 영혼 담근 곳 내 여기 대충 몸 씻네 가뭄에도 생명수는 풍부한 곳이라네만
> 사철 과실 여물어 익는 곳곳에 일용할 양식이 흔한 마을 눈에 들어 곰곰이 되씹히네
> 쉬 내려갔다가 힘들게 솟구치는 곳에서 아름드리 고목들이 지키어 앉은 저기 월경산 통뼈로 순결한 터 잡았네
>
> -「중재」 전문

그러나 인간과 자연의 조화로운 하나됨이 문명의 침노로 인해 점차 와해되고 있음을 시인의 시선은 놓치지 않는다. 김보한 시의 백두대간 산행시는 백두대간의 넓은 품을

확인하는 과정이 아니라 오히려 인간과 자연의 접촉 상실을 발견하는 과정으로 읽어야 마땅하다. 문명의 "영토확장"이 곧 뭇존재들의 '영토상실'임을 시인은 역설하고 있다. 일찍이 시인은 "무장해제 되어 찢겨지고 있는 산, 그로 인하여 피를 철철 흘리는 산, 아예 몸져누워 있는 산을 보았다"2)고 폭로한 바 있다. 사실 백두대간이 점차 제 모습을 잃어가고 있다는 점을 모르는 이는 없을 것이다. 그러나 직접 백두대간의 곳곳을 누비면서 이와 같은 상황이 주는 엄중함을 직접 체험하여 전하는 이는 희귀하다.

한 권의 시집을 하나의 모티프로 일관하여 밀고 나간다는 것은 시의 미학적 측면에서 스스로 제 약점을 드러내겠다는 말로 읽힐 공산이 크다. 그럼에도 시인은 백두대간을 오르내린 뚝심과도 같이, 기어이 백두대간을 체험한 한 권 시집을 세상에 내놓았다. 이는 시인이 '미학'이 아니라 '윤리', 다시 말해 인간과 자연의 조화로운 공존을 꿈꾸는 일이 훨씬 더 시급하고 가치 있음을 시사하는 것일 테다. 충일한 서정적 세계관의 발로로 구성된 이 시집이 백두대간의 의구하면서도 변화무쌍한 자락들만큼이나 묵직하게 느껴지는 이유가 아마 여기에 있을 것이다.

2) 김보한, 「백두대간의 튼실한 생태복원을 꿈꾸며」, 『백두대간, 길을 묻다, 시계, 2010, 143쪽.

나의 시와 인생 관련 주요 연보

1955년. 5월 8일(음), 경남 통영 출생. 동아대학교 공과대학 기계공학과 졸업('80. 2), 같은 대학교 교육대학원 기계교육학과 졸업('84. 8) 경상대학교 대학원 정밀기계공학과 박사과정 수료('05. 2), 공학박사(열 · 유체공학 전공, '06. 2)

1978년 : 동아대학교 교지에 시「물레를 본다」,「겨울호수는 겨울호수로 살고자 남아」를 발표하다.

1979년 : 동아대학교 교내 문학상(동아문학상) 에 시「일차선에 젖은 비둘기」를 응모 낙선자 1위로 발표되다. 부산 모 전문대학에 시공모(심사 박철석)에 응모(시 :「숨을 죽인 밤」) 최우수작품에 선정되다. 계엄철폐서명운동 등에 관련하여 곤욕을 치르다. 그해 독학으로 시조를 처음 접하다. 신춘문예 응모에 관심을 가지다.

1980년 12월 : ≪초정 김상옥 선생 회갑기념 서화전≫(부산)에서 초정 김상옥 선생을 처음 대하다.

1982년 1월 : 동아일보 신춘문예에 응모 시조(꿈, 3행 2수)가 최종심(심사위원 김상옥, 당선작 없음) 최종선정에서, 통영출신이라는 이유하나만으로 이름도 지워지는 아픔을 겪다.
그해 초까지 초정 김상옥 선생으로부터 '현대시조'에 관련 강습과 함께 습작 시와 시조 각각 4편씩 평[1])을 받다. 이로써

---

1) 현대시조 (김직승, 현대시조사, 2003년 가을호, 17쪽)
"스승님과의 첫 만남도 20년이 훌쩍 넘었다. 1980년 매섭게도 춥던 겨울(12월) 어느 날 밤, 시 2편 평을 받고 '시인' 이라는 이름자를 붙여 주시던 그 시절 이후, 1~2년 새 다시 6편을 뜨음뜨음 한두 편씩 평해 주시며 따끔한 충고도 빠뜨림 없으셨다. 되돌아봐도 그때처럼 시를 소중히 받들었을 때는 없었던 것 같

선생께서는 '시인'이라 명하셨다. 이후론 스승과 사제로서의 끈끈한 연만 유지하다.

그해 무크지 ≪지평≫(창간호)에 신인작품 10편을 투고하였으나, 심사위원(전원합의체) 1인의 반대로 낙선되다. 그 시절쯤 대학 때부터 써 온 상당한 시편들을 불태우다.

1983년 : 제8회(10월 8일) '전국민족시(시조)짓기대회'[2](민족문화협회 주최, 노산문학회 주관, 문화공보부와 한국문화예술진흥원 후원)에서 시제 시조 「만남」으로 일반부(대학생 포함) 당선(3석)되다. 이날, 초정 김상옥 선생께서는 심사위원 명단엔 포함되었으나 실제 참석치는 않으셨다. 낙동강 보존회(제2회, 부산 을숙도) 주최(10월 30일) 전국 시백일장(일반부, 시제 「종소리」)에서 입상하다. 그해 월간 ≪시문학≫지에 신인작품(초회 추천)에 시 10편을 정상구(전 부산여전 이사장)시

다./붙이고 긁어내기를 그 때 못지않게 일삼고 있으나 순진무구함은 그 때가 더한 것은 틀림없다. 가끔 밤을 지새우는 건 지금도 여전하지만, 갈수록 때 묻고 썩어 쳐질 것 같은 나를 보며 떨고 있을 뿐이다. 일전에 느닷없이 자정 무렵 통영에서 서울 가는 야간 우등버스를 탔다. 그 다음 날 스승님 댁을 방문했을 때 병상에서 여러 번 저의 손만 잡으시던 스승님, 그 예전 모습으로 또 시 한 편 가져 왔냐 하신다. 이젠 얼마를 허물 벗어야 그 예전 모습으로 돌아갈 수 있을까 걱정스런 나에게. 나는 그냥 미소만 지으며 시는 엄두도 못 냈다. 갈수록 스승님 대하기가 무섭다. 아직도 나는 시인이 되지 못했는걸 어쩌나, 언제쯤 동자승 같은 진국의 시인이 될까. 그 예전 8편의 시는 나에게 있어 이 시대를 살아온 큰 용기였고, 생의 갈림길에서 이정표 역할을 했으며, 지금까지 귀중한 교훈으로 남아 있다. 그 시절 이후 나는 왜 한 편의 시도 스승님 앞에 내밀지 못하고 있는 걸까. 왜 가슴 속에는 긴장감만 가득할까."

2) 전국지상공모를 통해 예심(예심 시제: 「분계선」)에서 60명을 1차로 선정하고, 참가증을 지참한 분에 한해서만 본심 참가(전원) 대상으로 삼았다. 장소는 경복궁 근정전에서 진행 되었다. 그날은 이슬비가 왔고 근정전 뜰 안의 비를 피할 수 있는 통로 밑에서, 소지품은 일체 지참하지 못한 채 앉을 널빤지 하나씩 받고, 살벌한 감독관 감시 하에 치러졌다. 그간의 수상자는 75년도(1회) 민병도(경북, 당선 3석), 77년도(2회) 노중석(경북, 당석 1석), 78년도(3회) 강신행(경남, 당선 3석 2위), 80년(5회) 오승철(제주, 당선 3석 1위), 82년(7회) 정공량(서울, 당선 2석) 등이 보인다.

인추천(평론가 정영호가 주선)으로 추진 중 최종마무리 단계에서 물러서다. 영도 대선조선에서 사내 처우개선을 위한 서명운동 등에 관련하다가 직장을 그만두다. 그해 말 또는 그 다음해 초순경 그간 써두었던 작품(시, 시조, 소설)들을 모아 모친(母親)과 같이 불사르는 일을 저지르다.

1985년 : 시집 『인간도 꽃이 되던가』(일터, 1985.12.24.)를 상재하다.

1986년 1월 : 서울신문 신춘문예 시조 「계림에서(3행2수)」가 최종심(2人)에, 경향신문신춘문예 시조 「살풀이」(선자: 김상옥, 이상범, 당선통보 이상범 시조시인)가 당선되다. 시집 『벙어리 매미는 울지 못한다』(글방, 1986. 11.17.)를 발간하다.

1987년 : ≪문예중앙≫가을호에 시 「비둘기」「귀뚜라미 소리」를 발표하다. 무크지 ≪문학과 실천≫등에 시 10여 편을 발표하다.

1988년 : 김해 '태광실업' 에서 사내 환경 개선문제에 관여 아픔을 겪다. 낙향하여 가업인 양식업에 손을 대다. 시집 『툰드라를 떠나는 영혼』(가마골, 1988. 12.15.)을 출간하다.

1991년 : 시집 『아름다운 섬』(자유사상사, 1991.11.25.)을 출간하다.

1995년 : 시조집 『어느 길목에서』(지평, 1995.4.30.)를 출간하다. 7월 2일 국제문예광장(주최・국제신문사, 장소・경남 고성 라이온스클럽 회관) 토론 대상에 시조집 『어느 길목에서』가 선정 발제 토론되다.

1997년 : 시집 『섬과 섬 사이』(전망, 1997.7.20.)를 출간하다.

1998년 : 『현대시조』겨울호 특집에 「무덤 곁에서」외 9편이 게재되다. 『현대시조 100인선』자료 제출 요구(1998- 1999)를 사

양하다. 그해 '계간 〈시와 생명〉 창간을 위한 앤솔러지' [시와 생명(POETRY LIFE)]에 참여, 발행비 전액을 지급하다.

1999년 : 시 전문 계간지 ≪시와 생명≫창간, 이후 7호까지(편집회의를 주재하다) 발행인을 맡다.

2000년 : 『열린시조』봄호 〈시조시인 140인 특집〉 (당초는 100인 특집)에 시조 「비련의 꽃」을 발표하다. 계간 「시와 생명」 가을호 집중조명 「선적 없는 배」 외 4편 발표하다.

2001년 1월 : 제13회 ≪현대시조문학상≫을 수상하다. 『열린시조』봄호 특집(윤금초, 김보한)에 시조 「그리움」외 5편을 발표하다. 시집 『어부와 아내』(전망, 2001.3.25.)를 출간하다. 한국해양대학교 '해양문학'강의교재 『해양문학 소요』(황을문, 전망, 2001.8.30.)에 시 「꿈을 키우는 건 무시로 포근하다」, 시조 「바다에서」(개정판 『해양문학의 길』에 추가수록, 한국학술정보, 2018. 7.1.)가 2017년까지 강의되다. 같은 대학 강의교재 『대학인의 글쓰기』(구모룡 등, 2018)에 시 「갈치 꿈을 꾸면서」가 2018년부터 수록되어 현재까지 강의 되다.

2002년 1월 3일 : 계간 『시와 현장』(문화 바 02894) 승인 받고, 그해 8월 1일 창간호를 내다. 이후 제호를 詩界(시계)로 변경하는 등, 통권 14호를 발간하다.

2003년 : 창신대학(통영) 문예창작학과(2003.3.3.~2006.12. 16.) 출강(시간강사, 실제 강의과목 ; 현대시조론, 현대시강독, 현대시작법, 현대문학사, 문학개론, 해양문학)하다.

2004년 : 계간 「신생」 봄호 특집시 「환한 저쪽 길 제쳐 두고」 외 9편 발표하다.11월, '초정 김상옥 선생 기념사업회(가칭)' 설립 초기 잠깐 이사(선정주, 김보한, 이성보)로 관여되다. '고 초정 김상옥 선생 시비 건립'운동(통영소재 남망산)에 참여 기여(통영시 소재 남망산 공원에 시조비 설립을 위한, 통영시 예술인 여러 단체 승인을 받음)하다.

2005년 : 만해문학박물관 ≪평화의 詩(시)벽≫에 시조 「계림에서(3행4수)」가 선정되다. 시집 『새끼를 깐다』(전망, 2005.3.17.)를 출간하다.

2006년 4월 : 시집 『새끼를 깐다』가 우수문학도서(한국문화예술위원회 1/4분기)로 선정되다. 9월 1일부터 경상대학교 정밀기계공학과(2006.9.1.~2010.2.28.)와 에너지기계공학과(2010.3.1.~2013.2.28.)에 출강(겸임교수(경상대학교 정밀기계공학과, 2007.4.1.~2008.8.31.), 시간강사, 이어서 경남정보대학교(2009.8.31.~2009. 12.19.), 거제대학교 기계과(2012.2.27.~2015.12.18.), 영진전문대학교(2016.8.29.~2018.8.26.)에서 열 · 유체, 엔진, 냉동, 신재생에너지, 조선공학 등에 관련 출강 (시간강사) 하다.

2007년 : 제4회 ≪한국바다문학상≫(본상, 시 「선장은 섬을 몰고」 포함 20편)을 수상하다.

2008년 : 2월 18일 출판사 '詩界(시계)'를 신고하고 승인받다. 6월 고하문학관(전주) 주최 〈제3회 시와 소리의 만남〉 에 시조 「소청봉 산장에서」 외 2편을 발표하다. 부산광역시 문예진흥기금 지원으로 시집 『진부령에서 하늘재까지』(말씀, 2008.9.25.)를 출간하다.

2009년 4월 24일 : '김상옥 시조비'[부산시 부산진구 국악로 2 (연지동 219-2)] 건립(시조작품 「옥저」를 추천, 선정되다)에 기여하다.

2010년 : 시조집 『고향』(2010.5.15.)을 출간하다. 9월 8일 시조집 『고향』이 부산작가회 주최 제 57회 월례문학토론회에 선정 발제 토론 되다.

2013년 : 제30회 ≪성파시조문학상≫(시조 「홍매화」)을 수상하다.12월 20일 망 초정 김상옥 선생 상속인(김홍우, 전 서울지방법원 수석 부장판사)으로부터 '김상옥 기념사업 추진에 관한 사항'의 위임 대상자(김정조, 김보한)로 선정되다.

2014년 : 시조집 『동해에서』(시계, 2014.5.8.)를 출간하다. 6월 20일 〈초정기념사업회〉의 출범식을 가지다. 이후 '김상옥 백자예술상'신인상을 제정 하고 본상의 명칭('백자예술상'에서 '김상옥백자예술상'으로)을 변경 시행하다.

2015년 : 재단법인 ≪풍해문화재단≫으로부터 창작지원금을 받고, 연구서 『탁상수의 발자취와 시세계 고찰』을 출간하다.

2016년 : 대학공학교재 『오토엔진』[김보한(주저자) 외, 미전사이언스, 2016.3.10.]을 출간하다.

2017년 : 시조집 『백두대간, 길을 묻다』(시계, 2017.7.8.)를 출간하다. 제10회 ≪청마문학연구상≫(대상) [논제 : '유치환의 회귀(回歸)하는 생명의지 연구']을 수상하다.

2018년 4월 24일 : 하보 장응두의 시 「진혼가(鎭魂歌)」(시 : 장응두, 글 : 김상옥) 시비(경남 통영시 산양읍 풍화리 소양화마을 161-1번지)를 자비로 세우다.

2019년 : 대학공학교재 『열역학』[김보한, 시계(詩界), 2019.1.5.]을 출간하다. 제6회 ≪김상옥백자예술상≫(본상, 시조 「천불동 계곡」)을 수상하다.

2020년 7월 : 경남문화예술지원금 지원으로 시집 『하늘재에서 천왕봉까지』(시계, 2020.7.28.)를 출간하다. 현재 ≪초정(김상옥)기념사업회≫ 회장을 맡고 있다.

나의 나무에게

김보한 시
이종만 곡
2018. 12. 19.
M. P. 010 5522 0779.

* 음역에 맞추어 조옮김 하세요.

= ca. 70
mp
T
오 늘 은 유 난 히 도 석 양 이 고 운
Pno.
mp

T
날 그 리 운 나 의 나 무 에 게 ㅡ
Pno.

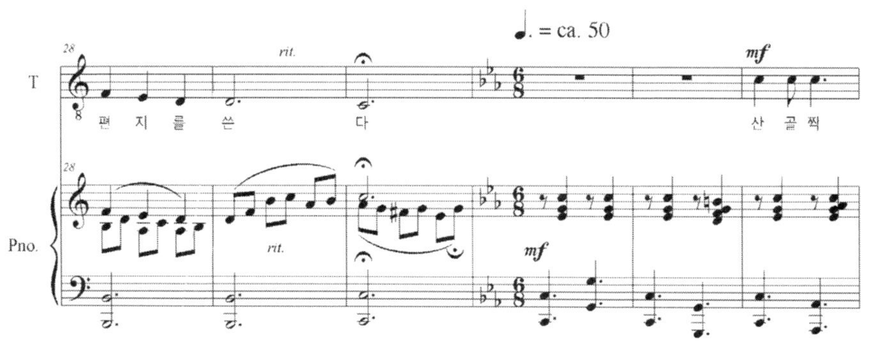
= ca. 50
rit.
mf
T
편 지 를 쓴 다 산 골 짝
Pno.
rit.
mf

T
Pno.
안 개 속 에 서 불 리 보 는 뻐 꾸 기 였 다 가 화 창 — 한 여 름 — 날

T
Pno.
헤 대 도 는 소 리 개 로 날 았 다 가 — —

T
Pno.
아 밤 에 떠 도 는 부 엉 이 로 살 았 — 다 는 — 가 슴 — 에

48
T
맴 맴 도 는 사 랑 의 사 연 을 바 람 결 에 — 바 람 결 에 바 람 결 에 날 려 보 낸
Pno.
53
♩ = ca. 50
mp
다 — — — 나 무 야 나 무 야 나 의 — 나 무 — 야
R. H.
mp
L. H.
59
♩. = ca. 50
mf
하 고 — 꿈 결 속 에 서 꿈 결
mf

66
T
속 에서 띄 어 보 낸다 — — —
66
Pno.
f

시계詩界 시선 09

김보한 시집
하늘재에서 천왕봉까지

지은이 ॥ 김 보 한
펴낸이 ॥ 김 보 한
펴낸곳 ॥ 시계詩界
등　록 ॥ 2010년 3월 23일, 제533-2008-1호
주　소 ॥ 경남 통영시 명정 2길 12(명정동 474-7)
전　화 ॥ (055) 642-9530, 손전화 010-4594-3555
E-mail ॥ sigepoem@naver.com
초판인쇄 ॥ 2020년 7월 25일
초판발행 ॥ 2020년 7월 28일

ISBN 978-89-964261-8-9 03810

값 10,000원

* 이 책은 경남문화예술진흥원 GYEONGNAM CULTURE AND ARTS FOUNDATION의 문화예술지원금을 보조받아 발간되었습니다.